A MANIPULAÇÃO DA VERDADE

Do triunfo da negação
às sombras da pós-verdade

Conselho Acadêmico
Ataliba Teixeira de Castilho
Carlos Eduardo Lins da Silva
Carlos Fico
Jaime Cordeiro
José Luiz Fiorin
Magda Soares
Tania Regina de Luca

Proibida a reprodução total ou parcial em qualquer mídia
sem a autorização escrita da editora.
Os infratores estão sujeitos às penas da lei.

A Editora não é responsável pelo conteúdo deste livro.
O Autor conhece os fatos narrados, pelos quais é responsável,
assim como se responsabiliza pelos juízos emitidos.

Consulte nosso catálogo completo e últimos lançamentos em **www.editoracontexto.com.br**.

Patrick Charaudeau

A MANIPULAÇÃO DA VERDADE

Do triunfo da negação
às sombras da pós-verdade

Tradução
Dóris de Arruda C. da Cunha
André Luís de Araújo

Copyright © 2022 do Autor

Todos os direitos desta edição reservados à
Editora Contexto (Editora Pinsky Ltda.)

Foto de capa
Salman Hossain Saif em Unsplash

Montagem de capa e diagramação
Gustavo S. Vilas Boas

Preparação de textos
Lilian Aquino

Revisão
Daniela Marini Iwamoto

Dados Internacionais de Catalogação na Publicação (CIP)

Charaudeau, Patrick
A manipulação da verdade : do triunfo da negação
às sombras da pós-verdade / Patrick Charaudeau ; tradução de
Dóris de Arruda C. da Cunha, André Luís de Araújo. –
São Paulo : Contexto, 2022.
192 p.

Bibliografia
ISBN 978-65-5541-197-3
Título original: La manipulation de la vérité:
Du triomphe de la négation aux brouillages de la post-vérité

1. Fake news 2. Veracidade e falsidade 3. Informação
I. Título II. Cunha, Dóris de Arruda C. da
III. Araújo, André Luís

22-5672   CDD 302.23

Angélica Ilacqua – Bibliotecária – CRB-8/7057

Índice para catálogo sistemático:
1. Fake news

2022

Editora Contexto
Diretor editorial: *Jaime Pinsky*

Rua Dr. José Elias, 520 – Alto da Lapa
05083-030 – São Paulo – SP
PABX: (11) 3832 5838
contato@editoracontexto.com.br
www.editoracontexto.com.br

*Aos meus netos, presentes e futuros,
para navegar entre ventos contrários*

Sumário

PRÓLOGO 9

INTRODUÇÃO 11

VERDADE, LINGUAGEM E SABER 17
    Verdade e linguagem 18
    Dos saberes aos imaginários sociais 23
    "Saberes de conhecimento" e "saberes de crença" 27
    Algumas "figuras de verdade" 37
    Os domínios da verdade 47

A NEGAÇÃO DA VERDADE 51
    A negação na língua, um ato de pressuposição 52
    A negação no discurso, um ato de "negatividade" 56
    A "mentira": negar a verdade-sinceridade 61
    A "denegação": a repressão do saber 65
    A "má-fé": o simulacro do saber 69
    A "impostura": uma usurpação do espaço 75
    Estratégias para "fazer crer" 85

O DISCURSO MANIPULATÓRIO 89
    Estratégias e procedimentos do discurso manipulatório 90
    A manipulação voluntária como efeito de "consentimento" 94
    A manipulação voluntária com efeito de "mistificação":
        a propaganda 98
    A manipulação voluntária com efeito de "impostura":
        a mentira na política 104
    A manipulação pelo "medo" 110
    A manipulação involuntária com efeito
        de "inquietação" ou de "suspeita" 117
    Manipulação e manipulação 125

A PÓS-VERDADE 129
    A "pós-verdade", uma mistura de contraverdades 130
    A natureza das "contraverdades" 134
    "Padrões" de geometria variável 144
    Da "descrença" à "credulidade" 148
    A transmissão da mídia: a armadilha da "relevância" 152
    O triunfo da negação: "mentem para nós" 158

CONCLUSÃO: O TEMPO DAS CRISES 161

Notas 175
Referências bibliográficas 187
O autor 191

Prólogo

Tendo chegado a um certo ponto de estudos e reflexões sobre diferentes discursos de sociedade, pareceu-me importante retomá-los e agrupá-los em torno de algumas temáticas. Assim funciona a pesquisa: jamais terminada, com resultados diversos, jamais interpretações definitivas. Ademais, nunca há um único princípio de coerência. Como sabemos, nas ciências humanas e sociais as análises passam pelas bifurcações caudinas dos postulados, conceitos e métodos de análise de cada disciplina. Além disso, em uma mesma disciplina, existem diversas correntes com suas próprias noções e formas de análise, sem que estas últimas façam face às outras. Se paralelamente temos uma preocupação com a interdisciplinaridade como eu a defini em alguns escritos,[1] as análises e as interpretações abrem-se para novas perspectivas. Fui levado a dizer várias vezes: nenhuma disciplina, nenhuma corrente disciplinar pode pretender esgotar o saber sobre uma questão relativa ao humano e à sociedade. Portanto, retomar as análises e reorganizá-las a partir de um novo ponto de vista é uma maneira de trazer uma perspectiva complementar.

E ainda, a importância da linguagem. A importância da linguagem não só para os indivíduos que vivem em sociedade, mas também para as ciências humanas e sociais. E, por conseguinte, a importância da disciplina nomeada "ciências da linguagem". A linguagem, sob suas diversas denominações – fala, discurso, língua, não é um simples instrumento a serviço de um pensamento pré-construído – como seria um martelo com a intenção prévia de cravar um prego. A linguagem é este material de construção do pensamento, inscrito no ser humano desde o seu nascimento, que lhe permite dar sentido ao mundo, nomeando-o, qualificando-o, tornando-o acontecimento, explicando-o por meio de formas de raciocínio. A linguagem é a atividade humana por meio da qual se constroem visões de mundo, se constroem sistemas de pensamento, saberes de conhecimento e de crença, mas também a atividade que permite aos indivíduos estabelecer relações sociais e, por conseguinte, construir sua identidade: a rejeição e o amor do outro, a violência e a pacificação em relação a outrem passam pela palavra. Por fim, a linguagem é o que estabelece as relações de força em uma sociedade, parte da qual se inscreve nos regimes políticos. Em suma, a linguagem é a própria existência do homem.[2]

É de tudo isso que as ciências da linguagem tentam dar conta. É nesse contexto que me situo, com a ética necessária do pesquisador que busca compreender, explicar e não denunciar.

Introdução

Na década de 1960, o compositor Guy Béart cantava: "O primeiro a dizer a verdade deve ser executado", e pode-se dizer o mesmo de um corredor, um poeta, uma testemunha, um desconhecido e um certo jovem.[3] Alguém poderia dizer agora: "O primeiro a negar a verdade deve ser celebrado", uma vez que a verdade parece estar sendo posta em causa e que contra ela triunfa a negação para manipular os outros. Mas o que é a manipulação?

A manipulação é um tema da moda, como mostram as numerosas obras que lhe foram dedicadas nos últimos anos. Os meios de comunicação modernos com a internet, as redes sociais e as *fake news* que eles geram podem ser uma das fontes dessa manipulação. Mas essa moda não é nova. Historicamente, as relações entre os indivíduos sempre envolveram um tanto de manipulação. Além disso, devido a uma economia de mercado que coloca os bens de consumo em concorrência, apareceram técnicas de publicidade e de marketing comercial que se estenderam ao domínio político. No entanto, esse fenômeno permanece indeterminado em relação ao que é a persuasão. Se a manipulação é levar outrem a fazer, a dizer ou a pensar o que se gostaria que o outro fizesse, dissesse ou pensasse, não teremos avançado muito, pois é aí que está o próprio fundamento da relação com o outro. O outro, sendo por definição diferente, coloca-se o problema para qualquer indivíduo de saber como se relacionar com ele. Pois a percepção da diferença do outro me coloca o problema de saber quem eu sou diante deste ser que é diferente de mim. É assim que se constrói a identidade dos indivíduos: para tomar consciência da minha própria identidade, eu preciso da existência de um outro que, por sua diferença, me obriga a me questionar sobre essa diferença e, consequentemente, sobre mim mesmo. Este é o momento em que o Eu envolve o Tu e o Nós.

A partir de então, o que fazer com essa diferença? Essa diferença pode ser percebida como um obstáculo para se entrar na relação com o outro, inclusive como uma ameaça à minha própria identidade. Esse outro, vou ignorá-lo, rejeitá-lo ou tentar trazê-lo de volta para mim? Como, então, abordá-lo, como fazer para que ele queira entrar em relação comigo, conversar comigo, como fazer para que ele entre no meu universo de pensamento – o que significa "compreender" em sua etimologia (*cum* "com" + *prehendere* "pegar")? De resto, é possível que esse outro se faça as mesmas perguntas e que ele mesmo queira me trazer para ele. Estratégias de influência se instauram, então, entre os dois interlocutores, movimentos de atração ou de rejeição recíprocos, a fim de controlar a relação. Assim, constrói-se a identidade dos indivíduos: com e/ou contra o outro, segundo um *princípio de alteridade*. O resultado é que não há relações sociais que não sejam marcadas por *relações de força*.

Ao contrário de uma certa *doxa* que domina nas ciências humanas e sociais, nem toda relação de força é relação de dominação. A primeira é um processo pelo qual ocorre uma alternância de posições de uns e de outros para tentar controlar a interação; a segunda é um resultado que decreta unilateralmente a posição de superioridade de um sobre o outro, um sendo dominante, o outro, dominado. A relação de força não prejulga o resultado que dela resulta. É no resultado do exercício da relação de força que poderá se julgar o estado da relação, de complementaridade mais ou menos fusional, de simetria mais ou menos antagônica, ou de dominação ou de submissão. A relação de dominação não é, portanto, o todo da relação de força. É apenas um resultado dela e não pode ser erigida como categoria genérica. Considerar a relação de dominação como uma categoria genérica impede de pensar a multiplicidade das relações sociais que se desenvolvem conforme uma pluralidade de hierarquias. Foucault deixou claro que

> o poder não é sinônimo de dominação. Está entrelaçado com a liberdade: só pode haver relação de poder porque os sujeitos são livres. O poder está sempre lidando com assuntos suscetíveis não apenas de adesão (sujeitos que consentem), mas inclinados à resistência e à insubordinação: ele é confrontado com liberdades "renitentes".[4]

Se a comunicação humana se realiza segundo um princípio de alteridade, um *princípio de regulação* é adicionado a fim de controlar as relações de força. Isso é manipulação? Trata-se, então, de examinar se, nesse quadro conceitual, tudo é manipulação ou se esta última deve ser reservada a certos procedimentos de influência. Ela será abordada aqui, pela via da linguagem, porque é pela linguagem que vêm o pensamento e a humanidade comum, é pela linguagem que o indivíduo se inscreve no mundo e que o ser humano se vincula aos outros. A manipulação será tratada, portanto, do ponto de vista verbal.

Será necessário, então, livrar-se, num primeiro momento, do julgamento moral *a priori* segundo o qual a manipulação é sempre considerada um "mal intencional". Pois ela pode ser não consciente e ser exercida em nome de uma boa intenção, da defesa de uma causa nobre. Em seguida, será necessário se questionar sobre quem julga que há manipulação entre aqueles que não a veem, aqueles que não dão qualquer importância a ela e aqueles que a veem em toda parte. Será necessário, igualmente, livrar-se da ideia de que a manipulação bem-sucedida decorre sempre da emoção. Uma boa argumentação aparente pode contribuir para isso. A razão persuasiva é sempre uma mistura de razão e de paixão, uma combinação entre a força das ideias e a força da emoção. As relações sociais se realizam no modo do "ser verdadeiro", mas também no "acreditar verdadeiro", no modo da "força lógica" dos argumentos, mas também na "força emocional" delas.

MANIPULAÇÃO E PERSUASÃO: TODOS MANIPULADORES?

Essas considerações nos levam a questionar se a manipulação deve ser entendida em um sentido amplo (tudo é manipulação) ou em um sentido restrito, como uma variante específica de uma categoria que a englobaria, a saber, a persuasão. Já, para Platão, a retórica é uma arte da manipulação que deve ser condenada, no que ele se opõe aos sofistas. Para Aristóteles, trata-se de uma técnica para dizer o bem, o justo e o verdadeiro. Para a pragmática de Wittgenstein e dos anglo-saxões, todo enunciado é portador de um sentido implícito que o interlocutor, ou o auditório, deve descobrir por inferência e, a partir disso, ele é destinado a ter um efeito ilocutório; poderia estar aí uma marca de manipulação.

Sabemos igualmente que, para um semioticista como Greimas, todo "programa narrativo é manipulatório".[5] Então seríamos todos manipuladores?

De nossa parte, partiremos do princípio de que os indivíduos procuram regular suas trocas, desenvolvendo diversas estratégias de persuasão ou de sedução, cada vez que o sujeito não se encontra em posição de poder ou de autoridade perante o outro, pois se fosse o caso ele poderia contentar-se em dar ordens ou promulgar leis para obrigar a agir ou pensar de uma determinada maneira. Como não pode agir por coerção, ele pode apenas incitar a dizer, pensar ou agir, segundo certo modo de "fazer acreditar", na esperança de que o outro possa aderir a ele e fique então na posição de "dever acreditar". Assim começaria a manipulação: "A manipulação permanece, de fato, o último recurso disponível para aqueles que são desprovidos de poder ou meios de pressão".[6] Isso faria parte do jogo social e não haveria nada a repetir. Mas, então, se fosse assim, não haveria mais meios de distinguir diferentes procedimentos manipulatórios. Este seria o sentido amplo dessa noção. Caberá a nós definir sua especificidade.

MANIPULAÇÃO, VERDADE, NEGAÇÃO E PERSUASÃO

Para tentar definir e descrever os atos de fala manipulatórios,* existem três condições: (a) saber quais são as possíveis relações do sujeito com a verdade; (b) saber como a verdade pode ser alterada em um ato de *negação*; (c) saber de quais meios estratégicos o manipulador dispõe para *enganar* a outrem.

A "verdade"? Vasta questão da qual os filósofos se ocuparam, mas que será conveniente considerar do ponto de vista da linguagem. E, então, digamos, teríamos entrado na era da "pós-verdade", a ponto de encontrar uma definição no dicionário de Oxford. Uma era em que a verdade e o real desapareceriam sob a maquiagem de *contraverdades* que se passam por "verdades verdadeiras", tanto por parte daqueles que estão em posição

---

* N.T.: Optamos por "ato de fala", conforme a tradução brasileira do livro de J. Austin, *Quando dizer é fazer*.

de poder como por parte de todos que, nas redes sociais, espalham *fake news* ("*infox*", em francês). Começaremos, portanto, por determinar o que são as "figuras da verdade" com as quais pode lidar o sujeito falante.

A "negação" pressupõe sempre a existência de uma forma de verdade que ela nega: negação de fatos, negação de explicações, negação das causas ou consequências dos acontecimentos, ou ainda a negação do outro, de sua existência, de suas qualidades, de seu direito de saber. De maneira mais geral, a negação, seja explícita ou implícita, é uma alteração da verdade. Isso nos levará a descrever essas diferentes formas de alteração que chamaremos de "figuras de negação", como a *mentira*, a *denegação*, a *má-fé*, a *impostura*, ou seja, figuras que têm em comum o fato de produzir um efeito de impostura.

Ao final desse percurso pelos territórios da verdade e da negação, poderemos descrever as características do "discurso manipulatório" como um ato específico de impostura, pois a manipulação, dizem os psicossociólogos, "apresenta, também, a vantagem de não aparecer como tal e de manter o outro no sentimento de sua liberdade, o que é menos negligenciável do que parece à primeira vista".[7]

A partir de então, poderemos lançar alguma luz sobre essa era da "pós-verdade". Nela, veremos mescladas figuras de verdade e de negação produzindo *contraverdades*, contraverdades que passam por verdades, não só para os sujeitos que as promovem, mas também para aqueles que as recebem, perturbando, assim, suas crenças. Isso nos levará a questionar a sociedade contemporânea e as crises de saber e de confiança das quais os atores sociais são as fontes e as vítimas.

VERDADE, LINGUAGEM E SABER

"Sim, submissão à verdade profunda que procuro, minha verdade, mas também a dos meus e deste país."

Albert Camus, *O primeiro homem*

Verdade e linguagem

A questão da verdade é algo delicado de tratar. "'Toda verdade é simples.' – Isso não é uma dupla mentira?", diz Nietzsche na primeira de suas "Máximas e flechas".[8] A verdade não é única, embora o desejo dos homens quisesse que ela fosse assim. Então, ela é passível de definição? Não paramos de procurá-la, e ela sempre nos escapa como o peixe que retiramos da água, que acreditamos ter capturado e que, no último momento, nos escorrega entre os dedos. A verdade depende da ideia que se faz dela: é uma questão de representações individuais e coletivas que variam segundo as épocas e as culturas, e a fala, com sua subjetividade, é ao mesmo tempo testemunha e fiadora. Em consequência, podemos fazer a pergunta: a verdade de uns é a verdade de outros? E, então, trata-se de *Verdade*, com V maiúsculo, que teria uma transcendência absoluta, ou de *veracidade* que remete ao próprio sujeito em sua possibilidade de dizer a verdade e de ser sincero? Dizer o "verdadeiro" é dizer a verdade? Nesse ponto, ocorrem batalhas filosóficas entre correntes objetivistas, fazendo predominar a razão, e correntes subjetivistas, remetendo às representações do sujeito.

Para Platão, que desconfia do mundo sensível porque ele construiria apenas a *doxa*, a verdade só pode ser alcançada pelo uso da razão, que se abre para o conhecimento que supostamente contém toda verdade inteligível. É a teoria das ideias contra a ilusão das representações sensíveis. Para Aristóteles, a verdade reside na "concordância de nossos julgamentos de percepção ou de conhecimento da realidade", o que faz com que as proposições sejam verdadeiras na medida em que se conformam às próprias coisas: "Se, de fato, qualquer afirmação ou negação é verdadeira ou falsa, necessariamente também tudo é ou não é".[9] Trata-se de uma disposição que permite a afirmação e a negação segundo o princípio de "não contradição". Os sofistas, por sua vez, acreditam que a verdade é de ordem relativa, pois tudo o que é objeto de representação ou opinião para alguém é relativo a si mesmo. O que faz com que a verdade dos sofistas, como diz Barbara Cassin, não é o verdadeiro e o falso, segundo o princípio da não contradição, mas "*o mais verdadeiro e o melhor para*",[10] tudo podendo ser demonstrado pela retórica. Mas é possível, como afirma Monique Canto-Sperber, que "a filosofia 'dos gregos' de que falam muitos filósofos contemporâneos se assemelhe muito mais a uma criação *ad hoc* do que a uma fiel reconstituição histórica".[11]

Descartes introduz o sujeito pensante que descobre sua capacidade de conhecer a verdade no final da experiência do cogito, por uma abordagem indutiva: se duvido, eu penso, se eu penso, eu existo.[12] Kant contesta a verdade como conformidade entre uma coisa exterior a nós e um conhecimento em nós, pois tanto a coisa quanto o conhecimento são objeto de representação, o que faz com que verdade e erro se encontrem no julgamento: "É na conformidade com as leis do espírito que consiste o elemento formal de toda verdade".[13] Quanto a Nietzsche, ele explode a ideia de verdade na medida em que "não existem fatos, existem apenas interpretações", especialmente porque sempre podemos interpretar as interpretações. A interpretação é, portanto, infinita. O que implica que a verdade (assim como a mentira) são apenas "convenções sociais". Para Nietzsche, a vontade da verdade e a busca da verdade são forças poderosas porque ambicionam a universalidade. Nietzsche influenciou os chamados filósofos da pós-modernidade, como Foucault, Deleuze, Derrida, que se questionaram sobre a relação saber-verdade.

E ainda há os filósofos da fenomenologia[14] para quem a verdade é o desvelamento do sujeito, pois ele é pensado a partir de sua maneira de existir e não apenas como consciência, visto que o ser está em perpétuo devir. Sartre chega a incluir a verdade em um processo de intersubjetividade, pois o desvelamento se faz por meio de uma doação ao outro:

> Pelo "eu penso", contrariamente à filosofia de Descartes, atingimos a nós mesmos diante do outro, e o outro é tão certo para nós como nós mesmos. Assim, o homem que se alcança diretamente pelo cogito descobre também todos os outros, e os descobre como a condição de sua existência. [...] O outro é indispensável para a minha existência, assim como, aliás, para o conhecimento que tenho de mim. [...] Desse modo, descobrimos, imediatamente, um mundo que chamaremos de intersubjetividade, e é nesse mundo que o homem decide o que ele é e o que os outros são.[15]

Mas não é do ponto de vista filosófico que abordaremos a questão da verdade.[16] Wittgenstein considera que "a filosofia não deve de maneira alguma interferir no uso real da linguagem, ela não pode fazer nada além de descrevê-la. Porque ela também não saberia dar-lhe um fundamento. Ela deixa todas as coisas tais como estão".[17] Portanto, aqui, a verdade é considerada através da atividade da linguagem que fornece os meios para estabelecer categorias de "veracidade", com critérios de comprovação, mesmo que tudo seja subjetivo e interpretativo. Nela encontraremos as tentativas de objetivação filosófica, pois a linguagem está ligada à razão na medida em que constrói o pensamento no e por meio do *logos*. Mas também encontraremos subjetivação na medida em que o ato de fala manifesta tanto a intencionalidade do sujeito falante quanto a intersubjetividade em razão de sua relação com o outro: "[...] no discurso, escreve Foucault, se constitui, para si mesmo e para os outros, o sujeito que fala a verdade".[18]

No que diz respeito à verdade, a questão é, portanto, menos a de sua existência ontológica ou epistêmica do que a da possibilidade de construir categorias de conhecimento e de crenças que expliquem a maneira como o sujeito representa o mundo. Desse ponto de vista, a questão da verdade não é um assunto moral. Trata-se de saber se o que dizemos "ser verdade" corresponde a "o que é", de saber como "o que é" é percebido como verdade pelo que sabemos, e como o que dizemos "ser verdade" é percebido pelos outros. Denis Vernant apresenta esta afirmação de Wittgenstein: "É verdadeiro ou falso o que dizem os homens e é na linguagem que eles entram em acordo. Não é um acordo de opiniões, mas de formas de vida".[19]

VERDADE E TRANSAÇÃO

A verdade, assim enunciada, depende igualmente do seu efeito e, portanto, da interpretação oferecida pelo receptor. Pois todo ato de linguagem se inscreve, como já dissemos, em uma relação de alteridade, de influência recíproca entre os interlocutores, construindo, assim, conhecimentos e crenças comuns. A significação dos atos de fala não depende apenas do que é dito (seu *conteúdo*), mas da situação de interação na qual se inscrevem (*a enunciação*), dos valores que defendem os interlocutores (*imaginários*) e das circunstâncias materiais (*dispositivos*) em que se encontram. Quer se trate de uma conversa ordinária, de uma explicação científica, de um texto jornalístico, de uma declaração política, os parceiros da interação (locutor, interlocutor ou público) estão ligados por um contrato de influência para fazer pensar, fazer dizer ou fazer agir. O que faz com que a significação de um ato de fala e a verdade de que é portador seja o resultado de uma *coconstrução* entre a intenção (consciente ou não) do Eu e o trabalho de interpretação do Tu, estando este último no singular ou no plural: *não há Eu sem Tu nem Tu sem Eu*.

Em outras palavras, a verdade não é julgada apenas em relação ao que o locutor diz do mundo e da maneira como ele representa o mundo, mas a partir da relação interacional e transacional em face do outro, do que está em jogo nessa relação por meio da qual se constrói certa representação da realidade:

> Assim como a verdade não existe completamente em si mesma, a realidade não é dada direta e imediatamente, previamente acessível. Apenas o mundo é conhecido como um conjunto das verdades aceitas inter e transacionalmente constituídas. Mais precisamente, dependendo dos tipos de interação envolvidos, são necessários diferentes mundos de referência. Se existem mundos, eles são múltiplos e, em todos os casos, constituem construções resultantes de interações e transações sociais.[20]

Do ponto de vista da linguagem, uma verdade se estabelece na medida em que quer ser expressa como verdade; ela é, portanto, relativa à posição dos sujeitos, segundo, diz Michel Foucault, os "tipos de relações que vinculam as manifestações de verdade aos seus procedimentos e aos sujeitos que são os operadores e as testemunhas ou eventualmente os objetos".[21]

VERDADE E VERACIDADE

Do ponto de vista da linguagem, a verdade encontra-se, portanto, na encruzilhada do que o discurso diz sobre o mundo, em relação com as condições de produção e de interpretação dos atos de fala e do jogo de influência recíproca que se instaura entre os parceiros dos atos de fala. O que nos remete à questão da veracidade.

A veracidade tem dois aspectos: um voltado para o mundo, outro para o próprio sujeito falante. O dicionário *Le Robert* define esse termo em duas acepções, de forma um tanto tautológica: "[...] qualidade do que é relatado com veracidade" e "[...] qualidade de uma pessoa que diz a verdade ou acredita que diz". Por um lado, temos o rigor, a justeza das ideias, por outro, a sinceridade e a fiabilidade. Em outras palavras, a veracidade requer que a pessoa que fala forneça informações exatas, supostamente conformes à realidade, e que seja sincera, dizendo o que ela acredita ser verdadeiro, dependendo da pessoa a quem ela se dirige. A veracidade deve ter a virtude da exatidão e da sinceridade, mas levando em consideração seu efeito de impacto. Por isso, o "dizer verdade" em qualquer ocasião (*parresia*) "faz com que digamos o que temos a dizer, que digamos o que temos vontade de dizer, que digamos o que pensamos que devemos dizer porque é necessário, porque é útil, porque é verdadeiro",[22] e pode testemunhar uma qualidade moral, mas pode também produzir efeitos desastrosos no interlocutor e denotar da parte do sujeito falante uma posição cínica.

A verdade do ponto de vista da linguagem encontra-se na articulação entre a forma como os sujeitos representam para si o mundo por meio do seu saber, e o tipo de relação na qual interagem. Ela é, portanto, subjetiva e até intersubjetiva. Qualquer sujeito falante pode alternar com as modalidades de julgamento da verdade: "Não é totalmente verdadeiro", "Pode-se dizer que é verdadeiro e falso ao mesmo tempo", "É verdadeiramente verdadeiro" e até "Não é totalmente falso". Na realidade, cada vez que o sujeito diz "eis o que é a verdade", ele está apenas dizendo "Eis o que eu acredito que seja a verdade". É evidentemente isso o que criará um problema, como veremos mais adiante com a negação e a manipulação: o risco de se refugiar atrás do "nada é verdadeiro" – portanto, tudo está na aparência das coisas que ocupam o lugar de verdade. A menos que se queira ser o único detentor de uma verdade instituída, como imagina Orwell em *1984*,[23] o império da Oceânia dispondo de um "Ministério da Verdade".

Entendemos que a verdade, devido à posição do sujeito preso entre o mundo e Outrem, possa ter uma tripla orientação: para o mundo para dar conta dele, para si em relação ao seu saber, para Outrem em um duplo ato de transmissão e de interpretação: "A veracidade, diz ainda Denis Vernant, resulta de um acordo entre interlocutores durante o processo de inter e de transação".[24] É preciso, portanto, examinar os modos de construção do saber e as figuras de verdade que eles engendram.

Dos saberes
aos imaginários sociais

O saber[25] se constrói por meio da linguagem, na e pela linguagem. Sabemos agora, na linhagem do estruturalismo saussuriano, completado pelo pragmatismo filosófico, que o pensamento não preexiste à linguagem, que ele não é apenas uma representação do mundo e que ele não depende apenas do sujeito que o expressa, ou seja, que ele não é o simples fato de um cogito, o que Denis Vernant chama de "a ilusão do cartesianismo". Ele propõe reescrever o "penso, logo existo" que nega a existência de outrem em "eu falo, eu sou aquele que fala", pois "o 'eu falo' é sempre um 'eu te falo', mais precisamente, um 'eu falo com, para e por ti'".[26] E, portanto, pela linguagem e através da linguagem, o sujeito é capaz de dizer de onde lhe vem o saber, por meio de um processo de reflexividade.

Mas o que é o saber em relação ao real? A noção de "real" foi durante muito tempo confundida com a de "realidade". Ou essas noções se opõem à aparência sensível das coisas (Platão) e designam o dado autêntico de um mundo físico que existe independentemente do homem e se impõe a ele; ou, consideradas na ordem do pensamento, elas designam uma verdade sólida, um dado explicativo lógico sobre o mundo como uma lei que se impõe ao homem, uma espécie de "princípio de realidade".

No entanto, é importante distinguir *real* de *realidade*. Na linhagem de Saussure e Benveniste, sabemos que o signo linguístico, com sua dupla face significante/significado, caracteriza-se por uma tripla dimensão: referencial (remete a algo não linguístico, "do mundo"), simbólico (constrói sentido a partir desse mundo), contextual (adquire sentido em uma ampla combinatória textual). Decorre dessa definição que o significado não é a própria realidade, mas uma construção significante da realidade, o que chamaremos de o real significante do mundo: se a palavra *árvore* se refere a uma realidade empírica do mundo, ela constrói, por meio dessa língua, em tal contexto cultural, o conceito "árvore", como diria Saussure, ou seja, o real significante "árvore" na língua francesa.

Generalizando, podemos dizer que "a realidade" corresponde ao mundo empírico pela sua fenomenalidade, como lugar a-significante que se impõe ao homem em estado bruto, esperando ser significado. Em contraste, "o real" é o mundo tal como ele é construído, estruturado, pela atividade significante do homem por meio do exercício da linguagem em suas diversas operações de *nominação* dos seres do mundo, de *qualificação* de suas propriedades, de *descrição* de suas ações no tempo e no espaço, e de *explicação* da causalidade dessas ações. O real está, portanto, ligado à atividade de racionalização do homem, o que talvez corresponda à proposição de Hegel: "O que é racional é real, o que é real é racional", acrescentando, porém, que esse racional está ele mesmo impregnado de afeto e de emocional.

A realidade precisa sempre ser "formatada" para se tornar real, e esse trabalho de formatação se faz pela via da razão, que, por sua vez, se faz pela via da linguagem: o real precisa se referir a uma razão, diz ainda Baudrillard, uma racionalidade que constrói oposições. Assim, podemos considerar que o discurso sempre constrói o real e que o julgamento de verdade ou de falsidade não tem razão para estar aqui; tal julgamento só pode ser um ato de fala que vem se sobrepor ao ato de discurso que constrói o real por meio de um processo de *enunciação*.

SABER COMO REPRESENTAÇÃO SOCIAL

Diversos escritos têm-se dedicado à noção de "representação", principalmente em Sociologia e em Psicologia Social: "representações coletivas" para Durkheim, "representações sociais" para Moscovici, já que, para este último, o termo *coletivo* remete mais a um grupo fechado em si mesmo, a opiniões coletivas intracomunitárias. Retomaremos essa expressão por nossa conta, por ser mais genérica, incluindo as representações coletivas, às quais adicionaremos a noção de "representações compartilhadas", proposta por Sperber e Wilson em sua teoria da relevância, noção fundadora da atividade de linguagem, que se baseia na ideia de adesão dos membros de um grupo a saberes comuns para que eles possam comunicar.[27] Nessa perspectiva, as representações sociais resultam de um mecanismo gerador das formas de saber: o indivíduo, em sua busca de ação, tem necessidade de, em interação com os outros, descrever o mundo, exprimir julgamentos sobre os seres, sobre o fundamento de suas ações e, quando as representa para si, ele se faz existir e cria a sociedade, que, por sua vez, o inventa.[28] As representações sociais são, consequentemente, um modo de conhecimento do mundo socialmente partilhado, gerando, por meio da produção de discursos, imaginários que são portadores de saberes, que estão ancorados na cultura e no inconsciente coletivo. O sujeito conhecedor sabe que tem

> essencialmente de lidar com as suas representações, sabe que não há conhecimento sem a intermediação dos signos para interpretar o real, e que, em consequência, o mecanismo de produção dessas representações e desses signos pode, apenas, fornecer as chaves da compreensão do poder do homem de assimilar o que não é ele.[29]

IMAGINÁRIOS SOCIAIS

É necessário acrescentar, ainda, que esses discursos portadores de saber são criadores de *imaginários*. Essa noção é definida de modo diferente de acordo com as épocas. No pensamento clássico, "a imaginação" era considerada fantasia: ela estava do lado da loucura ("a louca da casa"), que se opunha, então, à razão, a única capaz de gerir o confronto entre o Homem e o Mundo; pensamento clássico que perdurou até o século XVIII. Com Freud e a afirmação da existência de uma dupla consciência no homem na dualidade "eu individual" e "eu coletivo", o imaginário, no segundo tópico ("Id, Ego, Superego"), é colocado do lado do "Superego", sendo o "Id" da ordem do Simbólico. Na sequência, Jung desenvolve sua ideia de "arquétipos" como conjunto de temas recorrentes, construindo imaginários pessoais baseados em um fundo comum de inconsciente coletivo. Paralelamente, Bachelard (eles são contemporâneos com apenas um ano de diferença) opõe a "conceitualização", atividade racionalizante que produz a ciência, e o "devaneio", atividade criativa que produz uma visão poética do mundo; mas essas duas atividades estão ligadas por estarem na origem dos princípios organizadores das condutas humanas. Por fim, a Antropologia considera que os rituais sociais, os mitos e as lendas são discursos que revelam a organização das sociedades humanas.

Nesta última filiação, diremos que os imaginários variam conforme os domínios de prática social nos quais eles se inscrevem, deles recebendo um valor positivo ou negativo. Assim, o imaginário de "tradição" será marcado positivamente nos domínios religioso e, às vezes, político, enquanto será marcado negativamente nos domínios econômicos e tecnológicos. O imaginário do "direito à liberdade" pôde justificar engajamentos na Resistência durante a Segunda Guerra Mundial, mas o imaginário da "pureza" foi fonte de abusos, deportações, massacres e genocídios. Existem, também, imaginários que dependem de pontos de vista científicos. No campo da Biologia, por exemplo, o imaginário dos pesquisadores que veem a matéria viva como uma *massa de tecidos* (pulmonar, hepática, cardíaca, muscular) não é o mesmo que o imaginário dos que veem a matéria viva como um *conglomerado de células*, ora isoladas, ora em rede.[30]

Da mesma forma, os saberes e os imaginários deles provenientes são relacionados às culturas. O saber sobre os pássaros, por exemplo, constrói diversos imaginários: imaginário de "morte" ou de "ameaça" quando os pássaros são pretos[31] (os corvos), ou quando eles se lançam sobre a carne fresca (os abutres); imaginário de "amor" (as codornizes) ou de "fidelidade" (os inseparáveis), mas também de "luxúria" ou de "perversidade" (as perdizes), quando elas não se deixam apanhar e brincam de enganar quem quer capturá-las;[32] imaginário de "estupidez" ("bobo como um ganso", "um ganso branco"), ou, em sentido contrário, imaginário de "vigilância" e de "inteligência" como os gansos do Capitólio que evitaram o massacre da população de Roma.

Como se vê, os imaginários não são nem verdadeiros nem falsos. São uma proposta de visão sobre os fenômenos do mundo que resulta dos saberes que são construídos e circulam nas comunidades humanas, saberes que podem se excluir mutuamente ou se sobrepor. O imaginário é um modo de apreensão do mundo que resulta de um processo de representação por meio de uma atividade intersubjetiva, ao mesmo tempo afetiva e racional. Assim se constroem, por meio da fala, universos de pensamento ora investidos de *pathos* (o saber como afeto), ora de *ethos* (o saber como imagem de si), ora de *logos* (o saber como argumento racional). Esses universos resultam de uma combinação de razão racional, de razão emocional e de razão imaginativa, instituindo tantas verdades que se depositam na memória coletiva.

"Saberes de conhecimento" e "saberes de crença"

A atividade de representação social gera, por meio da produção de discursos, saberes sobre o mundo que dependem da forma como o sujeito se posiciona em seu ato de enunciação. Ele é, portanto, capaz de dizer, por meio de um processo de reflexividade, de onde lhe vem o saber. Assim, conforme seu posicionamento, ele pode dizer se o que ele enuncia se refere a um saber subjetivo ou a um saber objetivo. Aristóteles já distinguia uma lógica do verossímil e do provável, ligada a uma experiência e uma prática que são da ordem do "comum" (saber de crença), e uma lógica do verdadeiro ligada ao saber teórico da ciência (saber de conhecimento). Ele opõe *ciência* e *opinião*: a ciência, universal, procede de "proposições necessárias" (o necessário não pode ser senão o que ele é); a "opinião aplica-se àquilo que, sendo verdadeiro ou falso, pode ser diferente do que ele é [...]".[33] Ciência e opinião pertencem a dois domínios distintos do saber, tendo cada um sua razão de ser. Quanto a nós, distinguimos dois locais de construção do saber, "saber de conhecimento" e "saber de crença". Tendo já explicado essa questão em outros escritos, retomaremos uma parte, acrescentando algumas precisões suplementares.

OS SABERES DE CONHECIMENTO

Não se trata aqui do conhecimento enquanto objeto de estudo filosófico, cujo mecanismo de construção seria descrito em seus aspectos metafísicos. Como vimos anteriormente, trata-se do conhecimento na medida em que resulta de representações construídas pela linguagem e instituindo-se como saber. Nessa perspectiva, os saberes de conhecimento tendem a estabelecer uma verdade relativa à existência dos fatos do mundo, propondo explicações sobre os fenômenos que são produzidos nele. Uma verdade que supostamente existe fora da subjetividade do sujeito (fora do sujeito), que se dá fora do homem e que vale para conhecimento dos fenômenos tais como eles aparecem, tais como funcionam e tais como não são vistos. A fonte dessa verdade seria um "Terceiro", um "Ele verdadeiro", portador de um saber objetivo, um "Ele verdadeiro" impessoal – o que o distingue, como veremos mais adiante, de um "Alguém verdadeiro" – , ao qual se submeteria o sujeito falante; uma espécie de "fantasma da verdade"[34] que estabeleceria um saber independente de qualquer ato de enunciação pessoal. O sujeito falante não precisa dar o seu ponto de vista, ele apenas atua como porta-voz desse saber. E, quando fala, é como se ele se apagasse atrás de um discurso que estabelece uma verdade. No saber de conhecimento, o mundo se impõe ao sujeito por meio de uma palavra de verdade absoluta, proveniente da ciência ou de uma transcendência, ou seja, de um *saber científico* ou de um *saber de revelação*.

O *saber científico* baseia-se em procedimentos de observação, de experimentação, de cálculo e de análise que utilizam instrumentos de visualização do mundo (microscópio) e de operações (computador), de métodos de investigação ou de experimentação que produzem uma verdade cuja garantia é que esses procedimentos podem ser seguidos e utilizados por qualquer outra pessoa com a mesma competência do sujeito que os estabeleceu. Estamos aqui na ordem da razão científica e do comprovado por um "Ele-terceiro" que está fora de qualquer julgamento. Ninguém nunca viu a Terra girar em torno do sol. No entanto, temos esse conhecimento porque nos fizeram conhecê-lo como um saber comprovado de forma indiscutível. Certamente, é o homem quem produz esse saber, mas ele o abandona como se, uma vez estabelecido, ele o deixasse existir em si mesmo, independentemente de seu próprio pensamento. Trata-se, portanto, de um saber *objetivante* na medida em que o "Eu" desaparece por trás de um "A ciência diz que...", uma palavra de verdade cuja garantia é a de ser verificável. E mesmo que o sujeito que fala se coloque à distância desse saber por um "Se acreditamos na ciência", ele não intervém, contudo, nesse saber. Ele simplesmente confia no que é a explicação científica, deixando claro que não é ele quem fala, embora se possa supor que, reativando essa origem enunciativa, ele a assuma.

As teorias podem ser articuladas ao saber científico. Uma teoria se caracteriza por uma forma de discurso que é fechada e aberta ao mesmo tempo. Fechada em torno de um núcleo de certezas constituído por um conjunto de proposições tendo valor de postulados, de princípios ou de axiomas, dos quais dependem conceitos, modos de raciocínio e um aparato metodológico. Aberta na medida em que essa forma de discurso encontra-se permanentemente em um processo de discussão, de possível refutação com proposições contrárias ou resultados opostos. Em outras palavras, uma teoria é forçada a aceitar o confronto com a empiria e a crítica. O que a faz evoluir. Mas, na época em que a teoria é enunciada como tal, ela tem a força de verdade de um discurso demonstrativo, construído de acordo com esquemas de causalidade, dependendo das observações e das experimentações e estabelecendo leis como na Física, na Biologia ou na Matemática. É o caso das leis de Kepler, da gravitação universal descoberta por Newton e do princípio de Arquimedes: "Qualquer corpo imerso em um fluido em repouso, totalmente molhado por ele ou atravessando sua superfície livre, sofre uma força vertical, dirigida de baixo para cima e igual em intensidade ao peso do volume de fluido deslocado". O saber científico estabelece uma verdade *até que se prove o contrário*. Para Foucault, o saber se define em uma prática discursiva cujos elementos são

> aquilo a partir de que se constroem proposições coerentes (ou não), desenvolvem-se descrições mais ou menos exatas, realizam-se verificações e se desenvolvem teorias. Eles formam o requisito prévio para o que se revelará e funcionará como um conhecimento ou uma ilusão, uma verdade admitida ou um erro denunciado, um saber definitivo ou um obstáculo superado.[35]

O saber científico diz uma verdade independentemente do sujeito que a enuncia.

O *saber de revelação* faz parte dos saberes de conhecimento. Ele é considerado habitualmente um saber de crença, mas a fonte de verdade aqui também é externa ao sujeito. Diferentemente do saber científico, essa verdade não precisa ser provada ou verificada, para o que exige do sujeito um movimento não racional de adesão total. Para que esse movimento de adesão encontre sua razão de ser, é necessário que exista um discurso que atue como uma referência absoluta. Não é, portanto, surpreendente, como veremos nas figuras de verdade, que as doutrinas, religiosas ou profanas, se vinculem a esse tipo de saber.

Contrariamente ao saber científico, o saber de revelação é insensível às contradições que poderiam trazer outros saberes, científicos ou de experiência. Como dissemos, o saber científico é fechado, mas *até que se prove o contrário*, até que uma nova teoria venha substituir a precedente, mas aberto à discussão. O saber de revelação, por outro lado, está completamente fechado em si mesmo, e os discursos que o sustentam se apresentam sob a forma de evidência. Um saber que não sofre questionamentos se institui como um dogma. É o caso dos discursos religiosos. Um enunciado como "Jesus é o Filho de Deus feito homem" refere-se a uma verdade revelada a qual só pode ser contestada pela recusa da fé nessa palavra de revelação.

Mas também existem discursos profanos que podem ser atribuídos ao saber de revelação, pelo menos quando se instituem como discursos de verdade absoluta, como são as ideologias. Sem dúvida, a ideologia é uma noção

> que ainda permanece relativamente vaga, sem verdadeira consistência teórica, na qual se encontram modos de expressão extremamente variados, como crenças ou teorias (ingênuas ou filosóficas), valores ou imagens, normas ou modos particulares de percepção da realidade [...][36]

As ideologias, entretanto, são portadoras de um saber que propõe uma explicação total e abrangente da atividade social; como tal, elas se constituem como discurso de referência absoluta. Esse é o caso do marxismo e da psicanálise, que alguns converteram em ideologias de tendência dogmática. Discursos religiosos ou discursos profanos, é questão de saber externo ao homem, que é considerado conhecimento de mundo, cuja fonte de verdade é um "Terceiro-Ele verdadeiro", um "fantasma da verdade" transcendente, portador de um saber absoluto, ao qual o sujeito se submete.

OS SABERES DE CRENÇA

Não se trata aqui do sentido genérico segundo o qual toda adesão a uma verdade – e, portanto, todo conhecimento – passaria pelo filtro de uma crença, como sustentam os empiristas.[37] Nesse sentido, todo conhecimento científico, filosófico, religioso seria uma crença pelo fato de que acreditar é aderir a uma ideia e confiar nela. Mas surge, então, a questão de saber se todas as crenças são da mesma ordem. Aqui, a crença é entendida na medida em que é sustentada por um discurso que a constitui como um saber, um saber que é produzido pelo sujeito e depende dele. Não consideraremos a questão da verdade ou da falsidade das crenças.[38] Da mesma forma, não nos questionaremos sobre no que o sujeito deve ou não acreditar – este é um problema ético –,[39] nem sobre o teor da crença: ilusão, utopia ou fantasma.

Os saberes de crença não dizem respeito ao conhecimento do mundo, no sentido que acabamos de dar, mas às avaliações, às apreciações, aos julgamentos sobre eventos e seres, o pensamento e o comportamento deles. O saber científico, como acabamos de ver, procede de um modo de descrição ou de explicação dos fenômenos do mundo, independentemente do ponto de vista do sujeito. O saber de crença procede do olhar do sujeito sobre o fundamento dos acontecimentos e das ações do homem. O saber científico é externo ao sujeito (*fora do sujeito*), o qual não tem julgamento a fazer a respeito. O saber de crença está no sujeito (*in-sujeito*), ele procede do sujeito, e a verdade que este último enuncia está nele, ela depende "do que se deve acreditar ou do que é bom acreditar".[40] O sujeito falante retira seu saber de sua própria subjetividade.

A fonte da verdade emitida não é mais a de um "Terceiro-Ele verdadeiro", portador de um conhecimento absoluto, mas a de um "Alguém-verdadeiro" que internaliza o saber e, ao mesmo tempo, deseja que ele seja partilhado. Apesar desse suposto compartilhamento, o saber não é verificável por meios externos ao sujeito, como é o caso do saber científico, pois ele é acompanhado de um julgamento, de uma tomada de posição. A questão não é saber se a terra é redonda ou não, mas se é razoável ou loucura dar a volta ao mundo, atravessar o Atlântico a remo, se é útil ir ou não a manifestações, se faz bem ou mal fumar, se é bom ou não se engajar em um conflito. No saber científico, o mundo se impõe ao sujeito; no saber de crença, é o sujeito que se impõe ao mundo, seja para descrevê-lo (*saber por experiência*), seja para fazer julgamentos (*saber de opinião*).

O *saber por experiência* constrói explicações sobre o mundo que valem para o conhecimento do mundo, mas sem nenhuma garantia de comprovação: sem procedimentos particulares, sem instrumentação. Por outro lado, qualquer indivíduo pode confiar em um saber *por experiência*, desde que o tenha experimentado e que possa supor que qualquer outro indivíduo, na mesma situação, experimentará a mesma coisa: se eu soltar um objeto que tenho na mão, experimentarei que que ele cairá todas as vezes e presumirei que qualquer outra pessoa em meu lugar terá a mesma experiência. É o que diz Hume, para quem o hábito, a recorrência dos acontecimentos, a repetição dos fenômenos é o que cria uma ideia forte e constitui nossas crenças. Ele postula que essa experiência-percepção é universal.

Estamos aqui no campo do "experimentado" que pensamos ser partilhado, o dos saberes empíricos sobre o mundo, que se apoiam em discursos de causalidade natural: "Se você escorregar, você cairá"; "Se você sair atrasado, você perderá seu compromisso." Não precisamos de saber científico para isso: pode-se ignorar as leis da gravidade e saber por experiência que se soltamos um objeto, ele cai. O saber *por experiência* pode, portanto, coincidir com um saber científico sem que se conheçam os detalhes, mas ele pode, também, contradizer o saber científico como quando continuamos a dizer que o sol se levanta e se põe (saber por experiência), quando sabemos que é a terra que gira sobre si mesma (saber científico).

O *saber de opinião* é um julgamento pessoal ou coletivo que um indivíduo faz sobre os seres ou os acontecimentos quanto ao seu valor. Ele nasce de um processo de avaliação que leva o indivíduo a se posicionar. A opinião não é um conhecimento, mas um ponto de vista sobre um saber possível. A opinião não enuncia uma verdade sobre o mundo, mas um ponto de vista sobre as verdades do mundo. Isso explica que toda opinião seja axiologizada. Quer se trate de um julgamento de ordem ética ("Não é bom"), estética ("Este quadro é realmente belo") ou pragmática ("Não é útil"), ela envolve o sujeito que opina, seja em uma tomada de posição a favor ou contra ("Não sou partidário da globalização"), seja em uma avaliação probabilística dos fatos ("Acho que ele vai ganhar"), seja em uma apreciação afetiva, exprimindo uma preferência ou uma rejeição ("A globalização é uma verdadeira catástrofe para a humanidade!"). O julgamento de opinião procede, portanto, de uma avaliação, de um cálculo do necessário, do provável, do possível, do verossímil ou de uma pulsão, ao termo dos quais se determina uma tomada de posição intelectiva ou afetiva. O conhecimento remete ao mundo, a opinião remete ao sujeito.

O saber de opinião também se distingue do saber por experiência por essa tomada de posição. Dizer: "Uma árvore caiu" não é exprimir uma opinião, ao passo que dizer "Acho que é preciso cortar esta árvore antes que ela caia" é uma opinião; dizer "Ele é alto" não é um enunciado contendo um julgamento de valor,[41] o que é o caso de "Ele é astucioso". Ao mesmo tempo, o sujeito sabe que sua opinião pode ser contestada e que, se houvesse uma discussão sobre isso, ela revelaria diversas posições, cada um dizendo o que acredita ser verdade. Em outras palavras, três coisas caracterizam a opinião: o fato de o julgamento consistir em uma avaliação axiologizada, o fato de outros poderem discutir ou partilhar esse julgamento, o fato de o sujeito se engajar no julgamento.

A opinião, em sua enunciação, pode revelar-se *pessoal* ou *comum*. Pessoal, a opinião é reivindicada pelo sujeito falante, mesmo quando ele lhe dá um alcance geral. Essa opinião é relativa, atestando o engajamento do sujeito em relação a um julgamento afetivo, estético ou outro. Mas, ele sabe, ao mesmo tempo, que ela não é necessariamente partilhada por outros e que, se ele a reivindica com veemência, ela pode ser questionada por julgamentos contrários ou diferentes. A opinião pessoal se inscreve a partir do momento em que emerge, em um espaço de discussão que pode gerar oposições. Comum, a opinião é supostamente partilhada o mais amplamente possível, e até universalmente partilhada. O sujeito que enuncia diz algo como: "Eu penso como todo mundo que...", "Todo mundo pensa que... e eu também" ou "Todo mundo sempre disse". É como se o garantidor deste julgamento de verdade fosse a voz de uma "*vox populi*" que se encontra acima dos indivíduos instituindo-se como norma social, a voz de uma *doxa*. É a opinião expressa por provérbios, ditados e outros enunciados de valor geral: "Quem abraça demais pouco aperta", "Pobreza não é vício", e que encontramos em slogans publicitários ou políticos ("A lã, quanto mais se veste, mais se ama", "A força tranquila"[42]), e em qualquer enunciado com valor moral que se considere universal ("Não se toca em crianças", "A guerra é uma abjeção"). Assim funciona o que se chama de "politicamente correto". E quando a opinião comum é sobre o comportamento das pessoas, ela tende a estigmatizar o outro (indivíduo ou grupo) e a confiná-lo em uma categoria. Ao dizer: "As mulheres são...", "Os intelectuais são...", "Os italianos são..."), aquele que emite esse julgamento essencializa esses grupos de pessoas, deixando subentendido que ele não pertence a esse grupo. A opinião tem, então, um valor identitário que se exprime no que se chama uma "ideia preconcebida", "clichê" ou um "estereótipo".

O JOGO ENTRE SABERES

Os indivíduos podem ser levados a empregar essas categorias umas pelas outras, sem ter plena consciência, ou manuseando-as deliberadamente para confundir. A primeira ambiguidade diz respeito ao saber de revelação. Ele é dado como conhecimento absoluto do mundo, embora exija a adesão subjetiva do indivíduo. Ele é ao mesmo tempo saber científico e saber de crença. O que torna fácil fazer passar um pelo outro: reivindicar um saber de revelação que é apenas um saber de opinião; apresentar uma opinião pessoal dissimulada em uma opinião comum; prevalecer-se de um conhecimento teórico para fazer dele uma doutrina; fazer crer que um saber de revelação (dogma) também é baseado em saber científico (teoria). Por exemplo, uma opinião relativa pode ser apresentada como uma opinião comum que todos partilhariam, como Gaston Lagaffe, esse personagem de quadrinhos[44] que dá gargalhadas o tempo todo: "Bem, não se deve incomodar as pessoas quando estão dormindo!" A maioria dos enunciados com valor deôntico que exprimem um pensamento pessoal são apresentados como tendo um alcance geral: "É preciso viver a vida no momento presente", "Só se vive bem perigosamente".

Um caso interessante é o do discurso de *arrependimento*. Este último, pelo menos em seus usos modernos, refere-se ao ato pelo qual um político, ou o legislador, em nome do Estado ou de um povo, reconhece por um discurso, uma comemoração ou um ato simbólico as atrocidades (exílios, deportações, massacres) cometidas contra um outro povo ou uma comunidade. Foi o que aconteceu em 1995, quando Jacques Chirac, então presidente da República Francesa, fez um "ato de arrependimento", por ocasião da comemoração da captura do Vel d'Hiv, declarando sobre a deportação dos judeus: "A França, pátria do Iluminismo e dos Direitos Humanos, terra de acolhimento e de asilo, a França, naquele dia, consumou o irreparável". Trata-se de uma opinião relativa, visto que outros podem contestá-la, mas é expressa em nome do povo francês (opinião comum), através de um indivíduo (opinião pessoal).

Em outros momentos, é um saber de crença que se apresenta como saber científico. Pode-se tomar como exemplo a resposta de François Mitterrand a um jornalista que lhe perguntou se seu passado na administração de Vichy não era muito pesado para ele carregar: "Você sabe, o homem constrói seu destino. Não a fatalidade". Trata-se de uma opinião pessoal que é apresentada como uma opinião comum (estamos no "Alguém-verdadeiro"), mas que pretende tornar-se uma evidência, um "Ele verdadeiro". Encontramos numerosos exemplos dessa dimensão no discurso político que sempre busca transmitir uma verdade pessoal por uma verdade de opinião universal, instituindo o que se chama "jargão político".* O discurso sobre o direito à intervenção humanitária parece seguir essa via, uma vez que é proferido por alguns políticos (saber de crença), com base na Declaração Universal dos Direitos Humanos de 1948 (saber de revelação universal). Já apontamos, ao definir o saber de revelação, que textos não religiosos podiam servir de referência sagrada, como a psicanálise, cujos textos de referência podem ser discutidos cientificamente (saber científico), mas que, segundo Edgar Morin e Pierre Moscovici, erigem-se como doutrina (saber de revelação); o mesmo ocorre com os textos de Marx quando passam da reflexão teórica à doutrina; ou ainda as teorias econômicas que, como afirma Pierre Bourdieu, se convertem em doutrinas ou novas ideologias para defender campos de poder.

Vemos as afinidades e deslizamentos que podem se instaurar entre esses diferentes tipos de saber. Afinidades e deslocamentos comuns nos debates públicos sobre problemas de sociedade, devido à diversidade

---

* N.T.: *Langue de bois* no original: "em política, discurso dogmático que revela ausência de ideias novas". Disponível em: https://www.larousse.fr/dictionnaires/francais/langue/46180#locution. Acesso em: 12 set. 2022.

de atores sociais que trocam argumentos referentes a diversos tipos de saber. O debate sobre a "raça", por exemplo, é abordado ora conforme o ponto de vista do Direito ou da Biologia (saber científico), ora com referência a doutrinas (saber de revelação), ora a opiniões comuns (saber de crença).[45] O debate sobre a Bioética, e particularmente sobre a questão da clonagem humana, viu especialistas se confrontarem expondo argumentos científicos ("A clonagem reprodutiva não é a mesma coisa que a clonagem terapêutica"), autoridades religiosas usando argumentos remetendo a uma doutrina ("A clonagem é tocar no que a vida tem de mais sagrado e que não pertence ao homem: a procriação"), outros atores, pensadores, políticos ou responsáveis por associações que empregam argumentos de opiniões diversas ("A clonagem terapêutica irá necessariamente deslizar para a clonagem reprodutiva"; "A clonagem reprodutiva coloca o problema da filiação do indivíduo").[46]

Assim acontece na comunicação social. Os indivíduos falam, exprimem-se utilizando seus saberes, conforme sua posição na sociedade, seu *status*, sua experiência, sua competência, e isso em função das circunstâncias e dos interlocutores com os quais lidam. O desejo de todos é falar "com conhecimento de causa", isto é, conforme um tipo de saber. A maior parte do tempo, nas discussões cotidianas, trocam-se saberes de crença que circulam entre as diversas categorias de opinião. Assim se estabelecem acordos e desacordos, conivências e oposições, controvérsias e polêmicas, visto que qualquer troca verbal tem a finalidade de convencer, persuadir ou seduzir seu interlocutor, seja ele singular ou plural.

Algumas "figuras de verdade"

Vista através da linguagem, a verdade é portadora de diversas figuras. Em todo caso, é o que transparece nos atos de fala trocados entre os indivíduos. O sujeito falante deseja, pois, ser reconhecido como crível, pertinente, adequado em relação às circunstâncias e coerente em relação ao seu pensamento. Empregaremos o termo "figura de verdade" em vez de "regime de verdade" introduzido por Foucault, que o torna algo inscrito no poder: "Cada sociedade tem seu regime de verdade, sua política geral de verdade: isto é, os tipos de discurso que ela acolhe e faz funcionar como verdadeiro [...]".[47] Não se pode negar que a verdade esteja ligada ao poder, mas trata-se aqui de definir maneiras de encenar a verdade em relação com o que pode ser uma suposta intenção do sujeito falante, sem levar em conta "[...] aqueles que são responsáveis por dizer o que funciona como verdadeiro".[48] Tomaremos *figura* no sentido dado por Roland Barthes:

> As figuras se destacam conforme se pode reconhecer, no discurso em cena, algo que foi lido, ouvido, experimentado. [...] Uma figura é criada se pelo menos alguém pode dizer: "Como isso é verdadeiro! Eu reconheço essa cena de linguagem".

Por exemplo: "Se existe uma figura 'Angústia', é porque o sujeito, às vezes, exclama (independentemente do significado clínico da palavra): 'Estou angustiado!'".[49] Podemos deduzir daí que se existe uma "figura de verdade" é porque o sujeito pode dizer "É verdadeiro", como indício daquilo que ele próprio é capaz de reconhecer, indício socialmente codificado.

As figuras de verdade, ligadas à intencionalidade do sujeito, dependem, consequentemente, dos imaginários de saber que acabamos de descrever e de seu modo de enunciação, segundo uma tríplice orientação: (a) voltadas para o mundo, para dizer o que ele é; (b) voltadas para o próprio falante, manifestando o que ele sabe ou crê; (c) voltadas para o outro, o interlocutor, relativas ao seu direito de saber. Essas orientações enunciativas e os imaginários de saber se articulam uns com os outros e, algumas vezes, se entrelaçam no curso das interações verbais.

A "VERDADE FACTUAL"

A verdade factual está voltada para o mundo. É a que parece menos questionável e talvez a mais universal. É o momento discursivo em que o sujeito falante confirma o que ele toca, vê e ouve. Espera-se que seu enunciado dê conta da existência de seres, de sua quantidade e de certas qualidades na realidade percebida. Seu enunciado produz um sentido referencial resultante da relação entre o que é descrito e seu referente. É possível verificar se o enunciado produzido é verdadeiro ou falso: "Há três garrafas vazias sobre a mesa"; se forem copos, é falso, se forem quatro, é falso, se estiverem cheios, é falso. O contrário disso é verdadeiro. O que é enunciado, portanto, está de acordo com o que é percebido. O critério de verificação é o da percepção compartilhada: qualquer pessoa em meu espaço e lugar é capaz de perceber a mesma coisa e as mesmas características. É a prova pela percepção comum, "o caráter 'vital' da referência à verdade"[50] que Hannah Arendt chama de "as verdades de fato".[51] O verdadeiro factual não precisa de saber científico. Ele se impõe pelo saber por experiência, cuja prova reside no contato sensível[52] com o mundo e na faculdade de raciocinar. Em outras palavras, uma ideia é verdadeira se ela corresponde à coisa descrita e se for coerente segundo uma lógica dita "natural".

A verdade factual é muito discutida na filosofia. Os realistas dizem que existem fatos objetivos, que são as interpretações que diferem; os relativistas dizem que tudo é subjetivo porque os fatos são inseparáveis das interpretações, apoiando-se na famosa fórmula já citada de Nietzsche: "Não existem fatos, existem apenas interpretações". E Hannah Arendt acrescenta: "Fatos e opiniões, ainda que devam ser distinguidos, não se opõem uns aos outros, eles pertencem ao mesmo campo".[53] É certo que a verdade que refere à existência de fatos colide com o aspecto de evento da descrição do mundo. Na realidade, explicar o que aconteceu entre um momento A e um momento B passa pelos filtros da percepção e da interpretação. O filtro da percepção, porque tudo depende daquilo em que o sujeito focalizou sua atenção: "Os dois carros colidiram", diz um; "O carro A entrou no carro B", diz o outro; "Ele passou com o sinal vermelho", disse um; "Ele passou com o sinal amarelo", disse o outro.[56] O filtro de interpretação, assim que se caracteriza um objeto ou um acontecimento: apresentar uma arma em um julgamento dizendo "Eis a arma do crime" é ir além da verdade factual ("É um revólver"), pois o que se descreve é para que ela pode ter servido. Toda descrição, toda narração, passa por um ordenamento do qual o sujeito que descreve e narra é o operador segundo um princípio de inteligibilidade, de racionalidade por meio do qual se abre a via de interpretações subjetivas que podem suscitar contestação.

Assim, a verdade factual oscila entre a certeza e a verossimilhança. *Certeza* pela percepção compartilhada de um objeto em seu estar espacial e temporal, sem nada que se interponha entre o olhar que o observa, a audição que o ouve, o gesto que o toca, numa relação de total transparência: "É verdadeiro o que eu descrevo", "É verdadeiro o que eu mostro". O mundo empírico está aqui tal como eu o vejo e tal como eu o enuncio, na sua autenticidade, sem nenhuma tela que o deforme, num simples "estar" ontológico. *Verossimilhança*, pela interpretação do porquê e do como do objeto ou do acontecimento, cujo caráter verdadeiro se torna um possível entre outros, ainda que o sujeito que descreve o afirme como verdade. Esta é a verdade da testemunha.

É aqui que surge a tão discutida questão de saber se a verdade ficcional é tão verdadeira quanto a verdade factual, na medida em que ela dá voz a verdades ocultas que só podem ser ouvidas por meio da imaginação, do inventado, como evidencia esta avaliação de Noémie Lvovsky, cineasta, sobre o cinema da diretora Valeria Bruni Tedeschi: "Valeria precisa de um material muito cru, da verdade completamente nua, para começar. [...] Compartilhamos essa convicção de que a ficção permite uma verdade maior do que a realidade. Assim, passo a passo, o 'eu' torna-se um personagem".[54]

Seja como for, a figura da verdade factual, no instante de sua enunciação, dá a possibilidade de verificação pela percepção, raciocínio ou saber de crença comum. Se ela for contestada, aqueles que a defendem deverão fornecer a prova da sua fatualidade, aqueles que a contestam, a prova da sua não fatualidade. Veremos mais adiante, no momento da descrição dos processos de negação da verdade, que é à luz dessa figura que poderão ser denunciadas as contraverdades.

A "VERDADE CIENTÍFICA"

A verdade científica participa do que nomeamos de *saber científico*. Ela é igualmente voltada para o mundo, mas, desta vez, numa perspectiva de explicação, ou seja, orientada para o próprio discurso. Ela não se contenta com uma simples observação e mobiliza um saber de conhecimento: por força de observações, pesquisas de campo, experimentos, divisão em partes pertinentes (desconstrução), de reconstituição de cadeias de causalidade, de acordo com certas hipóteses (reconstrução), uma verdade dos fenômenos do mundo é proposta por meio de explicações causais abstratas, segundo os princípios de pertinência, uma verdade atestada, verificada, mas sujeita à contradição e, assim, verdade provisória, amparada, como vimos anteriormente, por um discurso de demonstração, mas de demonstração hipotética: "Até que se prove o contrário".[55]

Essa verdade procede, portanto, de uma atividade racionalizante que supostamente existe fora da subjetividade do sujeito. Não é o sujeito-indivíduo que diz a verdade, mas um sujeito-voz-da-ciência que a estabelece com o auxílio de instrumentos de investigação e procedimentos de análise. Essa verdade é o resultado de um processo objetivo, na medida em que não depende apenas do saber do indivíduo, mas que ela é possivelmente verificável por qualquer outra pessoa usando os mesmos instrumentos e procedimentos. Nesse sentido, a verdade científica não pertence a ninguém em particular, no sentido de que uma pessoa teria autoridade para dizer "Sou eu que digo o que é verdadeiro".

Em certas épocas, essa racionalidade foi elevada à categoria de princípio único de acesso ao conhecimento, como foi o caso do enciclopedismo do século XVIII e do positivismo do século XIX. Esse tipo de atividade está na origem do que hoje se denomina "palavra de expert", "de especialista", "de pesquisador", qualquer tipo de palavra que proceda de um longo aprendizado de ferramentas intelectuais que por si só permitiriam estabelecer uma verdade objetiva. Não se trata de dizer que o discurso científico é de uma perfeita objetividade, especialmente no que diz respeito às ciências sociais e humanas, mas que ele tende à objetividade devido aos instrumentos de análise que não dependem de um único sujeito: um discurso de método, um discurso de prova, um discurso de verificação produzindo uma verdade científica. A ciência não produz verdades, ela apenas tende para a verdade. Existem apenas probabilidades, possibilidades e muitas incertezas.

A "VERDADE DOUTRINAL"

A verdade doutrinal participa do *saber de revelação* e está inteiramente voltada para o discurso que a constitui. Um discurso explicativo que é da ordem do princípio, pois, para acreditar na verdade, é necessário que ela seja absoluta, e só há verdade absoluta no absoluto. Supõe-se que esse absoluto encontra-se em uma *origem*, fonte e fundamento de todas as coisas, num estado de pureza absoluta do mundo, uma espécie de jardim do Éden. E é, ao mesmo tempo, nessa busca de origem, que deve se encontrar a esperança de um retorno a ela por uma intervenção divina.

Esse discurso se configura em textos, reservatórios de símbolos, de mitos, de narrativas que se pretendem históricas, que desempenham o papel de referência de saber incontestável no qual nada pode ser mudado. Eles instituem-se como doutrina. Como vimos em relação ao saber de revelação, as doutrinas são transmitidas por um discurso fundador, em textos que têm um caráter sagrado: a Bíblia, o Novo Testamento, o Alcorão. Esses textos são portadores de uma palavra de revelação que, supostamente, decifra as mensagens do além, os quais procederiam de uma potência do insondável, e é precisamente porque essa potência encontra-se nesse insondável que a palavra que a revela assume o valor de verdade última e transcendente. Essa verdade existe num exterior ao sujeito, num *em-si* que vem de um *além*.

Essa verdade, não podendo ser ouvida diretamente, já que não é deste mundo, precisa de um porta-voz, de um "portador", um portador mais ou menos carismático para dar voz a essa verdade: os evangelistas, portadores da palavra do Cristo, os profetas do Islã, os gurus de seitas, mas também os poetas na Grécia antiga que, inspirados pelos deuses e dotados de um dom de clarividência, tinham a incumbência de "dizer o verdadeiro", os oráculos e as pítias que transmitiam as mensagens dos deuses ou respondiam aos enigmas que eles enviavam. Depois foram – e ainda são – os ministros das diferentes religiões (católicas, protestantes, judaicas, ortodoxas, muçulmanas) encarregadas de dar a conhecer e explicar "uma verdade única" que procede apenas dela mesma, que remete sempre a uma origem fundadora, não podendo senão se repetir infinitamente.

Como vimos a respeito dos saberes de revelação, também existem doutrinas profanas que propõem uma explicação total e abrangente que dá origem a uma verdade absoluta, introduzida, também, por um mestre fundador de um pensamento: Marx e o marxismo, Freud e o freudismo, Lacan e o lacanismo, Auguste Comte e o positivismo. Discursos em "-ismo" definindo um sistema de pensamento fechado sobre si mesmo que recusa qualquer crítica. Vemos a diferença entre uma verdade científica e uma verdade doutrinal, uma proveniente de um saber científico, a outra de um saber de revelação, diferença que dá lugar a controvérsias e até mesmo a conflitos, com incidências na vida social dos indivíduos, como se pode ver nos Estados Unidos em relação à origem do mundo, entre os cientistas que seguem a teoria de Darwin e os criacionistas que afirmam que Deus está na origem de tudo. Se a verdade científica não pertence a ninguém, a verdade doutrinal pertence a um poder transcendental (religioso ou profano) que seria sua fonte enunciativa.

A "VERDADE-CONVICÇÃO"

A verdade-convicção, por sua vez, está voltada para o próprio sujeito falante, como pessoa, sede de seu pensamento e de seus julgamentos. É uma verdade proferida em nome do princípio moral de dever dizer o que dita uma voz interior que se impõe como uma evidência. É o "princípio categórico" de Kant: "Faça o que deve", não como um meio de atingir um objetivo, mas como um fim em si mesmo.[56] Uma verdade totalmente dependente da subjetividade do sujeito: "É a minha verdade". A verdade-convicção é estranha a qualquer consideração das consequências que engendrariam os atos e as palavras. É preciso fazer o que quer que seja, não importando as consequências nefastas; é preciso dizer, seja qual for o impacto das suas palavras, não importando se fere o outro. A verdade de convicção corresponde à ética do mesmo nome, de que fala Max Weber,[57] e se opõe à ética da responsabilidade que obriga a levar em consideração os efeitos dos atos e das palavras sobre outrem. Não se pode opor nada à verdade de convicção, uma vez que ela emana da consciência do indivíduo e que não há verificação possível. Um saber de crença que não precisa ser partilhado: "Não há verdade senão a minha". Mas, ao mesmo tempo, esse algo do interior que comanda a verdade transcende o sujeito e lhe confere um alcance universal: "Não se deve trair o seu amigo".

Poderíamos, também, falar de *verdade-ação* cujo próprio ato de fala torna-se verdade. É a verdade do engajamento dos combatentes e dos resistentes durante as guerras, dos partidários defensores de valores que julgam universais, dos militantes a favor de grandes causas morais, que afastam de seu caminho qualquer oposição ao que afeta suas convicções. Do ponto de vista linguageiro, trata-se de uma palavra decisiva com efeito performativo que realiza um fazer por meio de um dizer,[58] se o sujeito falante tiver o poder de realizar o que diz. Disso resulta uma verdade que está ligada à posição de autoridade do sujeito sobre si mesmo ou sobre os outros. Na verdade-convicção, há também algo de uma *verdade-pathos*, na medida em que aquilo que transcende o sujeito possui a força da emoção. Se perguntarmos a uma pessoa por que ela age e fala assim, ela poderia responder: "Porque é assim que eu sinto", ou como afirmou Montaigne: "Se me pressionam para dizer por que eu o amava, sinto que isso só pode ser expresso respondendo: porque era ele, porque era eu".[59] Foi também a palavra dos Justos entre as nações que puseram suas vidas em perigo para salvar judeus durante a Segunda Guerra Mundial: "Eu não podia fazer de outra forma", ou a do pastor André Trocmé de Chambon-sur-Lignon: "Nós ignoramos o que é um judeu, conhecemos apenas homens". A emoção misturada com a razão torna-se evidência e adquire a força de verdade.

A "VERDADE-SINCERIDADE"

A verdade-sinceridade também está voltada para o sujeito, mas de forma diferente da verdade-convicção. Em qualquer ato de fala, o sujeito falante se desdobra em um sujeito pessoa, ser psicológico e social, iniciador da fala, e um sujeito enunciador, ser de fala incluído no ato de enunciação. É, portanto, o sujeito pessoa, o locutor, que decide se o enunciador expressará ou não o que ele pensa. Se o enunciador enuncia tal qual o pensamento do locutor, este último será considerado sincero; se o enunciador mascarar o pensamento do locutor ou apresentá-lo de forma contrária, o locutor será considerado insincero.

Mas, simetricamente, o interlocutor tem o direito de se perguntar sobre a sinceridade do locutor. A verdade-sinceridade é igualmente voltada para o interlocutor. Ela é, portanto, avaliada em uma relação de alteridade, porque o sujeito falante se expressa, por meio do enunciador, em função do que ele quer comunicar ao seu interlocutor e, além disso, ele deve lhe mostrar que aquilo que ele diz corresponde ao que ele pensa. Consequentemente, o interlocutor é chamado a acreditar que o "dito" corresponde ao "pensamento" que ele julgará em função do que ele sabe do locutor. Não colocamos em jogo aqui considerações morais que deveriam se basear em um "pacto de confiança"[60] entre locutor e interlocutor. Trata-se apenas do ato de transmissão de um saber. A verdade-sinceridade apela, assim, tanto para a responsabilidade do locutor, que escolhe a transparência ou a opacidade, como para a do interlocutor, que, por sua vez, escolhe a crença ou a suspeita.

É verdade, contudo, que a sinceridade coloca um problema. Porque ela se encontra em um paradoxo: dizer-se sincera é exprimir uma verdade, mas ao mesmo tempo essa verdade é subjetiva e pode ser factualmente falsa (as redes sociais transmitem, sob o pretexto de sinceridade, numerosas contraverdades). O sujeito está preso entre o seu desejo de ser sincero e a justeza de suas palavras, sendo difícil para ele distinguir entre os dois. Em todo caso, ele precisa fazer um esforço de reflexividade para saber qual é a sua relação com a verdade. Isso seria, para a filósofa Elsa Godart, pensar uma "ética da sinceridade".[61] Essa exigência de reflexividade faz com que a "condição de sinceridade" da lógica ilocutória seja insustentável,[62] Além disso, pode-se perguntar se ela é sempre desejável, se o "dizer verdadeiro" em todas as ocasiões, dizer o que se tem vontade de dizer porque é verdadeiro e necessário – o que os gregos chamam de *parresia* –, é virtude ou cinismo. Pois, ao ignorar o outro, essa verdade-sinceridade corre o risco de ser contraproducente, ferindo a outrem ou revelando o que, por exemplo, em nome da razão de Estado, deve permanecer em segredo.

A "VERDADE-CONSENSO"

A verdade-consenso é igualmente voltada para o outro como sujeito coletivo. Ela não depende apenas, como a verdade-sinceridade, do que pensa o sujeito falante. Resulta do encontro de opiniões de diversos indivíduos, que, graças às trocas comunicativas, chegam a uma posição comum. Trata-se, para cada falante, de "colocar-se no lugar de qualquer outro", como diria Kant,[63] não para abraçar a visão do outro, mas levá-la em consideração para discuti-la. Supõe-se que cada indivíduo tenha uma opinião, um ponto de vista sobre os fatos do mundo, um ponto de vista que ele deve ser capaz de justificar e de confrontar com o dos outros, a fim de chegar a um conhecimento comum.

Esse comum pode ser da ordem do unânime, majoritário ou minoritário. O que importa é que tal visão de mundo, tal julgamento, seja partilhado entre os membros de um grupo, seja qual for a sua dimensão, de modo que essa visão ou esse julgamento se imponha sobre todos e se constitua como verdade consensual, norma de referência comum. Assim, a Declaração dos Direitos do Homem e do Cidadão se impõe pelo fato de os indivíduos aceitarem (assentimento), de forma irrestrita (consentimento), o que ela diz e a estabelecem como verdade válida para todos.

Para isso, é necessário que os indivíduos discutam entre si, que confrontem seus pontos de vista, seus julgamentos, que os defendam, se oponham aos dos outros, argumentem, contra-argumentem e que, em uma vontade comum de encontrar um consenso, por qualquer que seja o motivo, façam convergir parte de seus pontos de vista em um novo discurso, apelando para o assentimento de todos. O que pressupõe passar do confronto polêmico para o confronto racional, para a controvérsia.[64] Essa foi a grande tarefa da Grécia Antiga, que instaurou uma prática de debate social e cidadão que implicava que se discutisse e depois que se deliberasse antes da decisão. Pois a questão do bem coletivo não surge de um pensamento do verdadeiro e do falso, como queria Platão, mas de um pensamento do possível e do provável, segundo os sofistas e Aristóteles. Daí o desenvolvimento da retórica como técnica de persuasão, que foi prolongada e transformada pela Roma de Cícero numa verdadeira máquina política, o discurso sendo considerado como uma arma.

No entanto, sendo as avaliações e opiniões, em sua origem, próprias de cada indivíduo, o resultado dessas trocas não pode ser senão uma espécie de menor denominador comum, uma verdade média, representando ou um julgamento dominante, ou um compromisso entre diversos julgamentos, uma parte dos quais será comumente aceita. Quando ela se generaliza, impõe-se a um grupo mais estendido, ela torna-se uma *verdade-doxa*.

A *doxa*, da qual já falamos, não tem boa reputação. Para Platão, ela captura apenas as aparências e, portanto, se opõe à verdade. Para Spinoza, ela fornece apenas "ideias inadequadas e confusas",[65] pois ela nos cega. Para Barthes, a *doxa* é "[...] a Opinião pública, o Espírito majoritário, o Consenso pequeno-burguês, a Voz do Natural, a Violência do Preconceito",[66] ela atesta o que é o pensamento corrente, pensamento que ele combateu e denunciou em *Mitologias*. Para Bourdieu, a *doxa* é aquilo que é admitido sem discussão nem exame, o que o senso comum adere como uma evidência, e deve ser combatida em um projeto político. É necessário "desacreditar as evidências" do discurso dominante, "quebrar a adesão ao mundo do senso comum".[67] Aristóteles, entretanto, devolve-lhe sua nobreza, argumentando que, na ordem da vida real, só pode haver o provável, o que faz com que a verdade só possa ser da ordem do verossímil. Não se delibera senão sobre o contingente, e não sobre o necessário. A verdade só pode ser de consenso. E Arendt acredita que "É a presença de outros vendo o que vemos, ouvindo o que ouvimos, que nos garante a realidade do mundo e de nós mesmos...".[68] Desde a origem, a *doxa* é afetada por um duplo sentido: uma opinião média que não é a de ninguém e que se impõe a todo mundo pelo fato de uma partilha emocional e de uma submissão de cada um à opinião de muitos; um consenso no seio de uma pluralidade, resultante do encontro de diversas opiniões e constituindo um saber comum, instituído como vontade geral, na medida em que ela procede da deliberação e do consentimento, suscetível de orientar a decisão política para o bem comum. Saber de crença, ilusão de verdade ou verdade democrática. Seja como for, a *doxa* é um fenômeno linguageiro com o qual os indivíduos convivem, do qual eles precisam para criar certezas para si mesmos sob o risco de caírem no erro, no simulacro, e que deve ser levado em consideração para compreender as sociedades. A verdade-consenso diz que nenhum indivíduo pode ter razão sozinho e que apenas uma comunidade de julgamento serve como verdade. O que, obviamente, cria um problema, pois poderia acontecer que esse saber, feito de afetos, sentimentos e emoções compartilhadas, seja falso, como evidenciam as contaverdades, *fake news* e *infox*, que circulam nas redes sociais e que pretendem ter a força de verdade do grupo que a enuncia.

Os domínios da verdade

A verdade se expressa por meio da linguagem e assume certas formas de acordo com as condições de produção do ato de comunicação. Entre essas condições, o domínio das práticas sociais no qual se inscrevem: a verdade religiosa não é a mesma que a verdade científica, a verdade política não é a mesma que a verdade midiática, que não é a mesma que a verdade jurídica etc. Além disso, cada domínio de práticas sociais é em si mesmo heteróclito, instituindo diversos lugares de verdade. Por exemplo, no domínio científico, existem verdades próprias a cada disciplina, que podem ser ignoradas de uma disciplina para outra. A psicanalista Elisabeth Roudinesco lembra que

> criticando esta reinvenção freudiana (Édipo, herói que deseja inconscientemente sua mãe ao ponto de matar o pai), Foucault afirma que a tragédia edipiana representa o confronto entre diferentes tipos de saberes: procedimento judicial (investigação para encontrar seu pai), lei divinatória (Tirésias), soberania transgressiva, saber dos homens de baixo (o mensageiro, o pastor), conhecimento verdadeiro do oráculo.[69]

Em cada um desses domínios – situações de comunicação – e, em cada situação, um contrato de fala determina a modalidade das trocas – conversas, entrevistas, debates, controvérsias etc. – em que a verdade será posta em jogo conforme as intenções dos participantes que apelam para esta ou aquela figura de verdade na medida do necessário. Nós nos interessaremos, particularmente, pelo domínio da verdade na política.

A VERDADE NA POLÍTICA

Qualquer palavra proferida publicamente não obedece às mesmas condições de verdade que uma palavra trocada entre duas pessoas, porque ela circula entre três instâncias: uma instância de produção, uma instância de recepção e uma instância de mediação. A instância de produção é representada por uma pessoa que é sempre "porta-voz" de um grupo mais ou menos homogêneo: um grupo político por trás de tal homem político ou de tal mulher política, um grupo de trabalhadores por trás de tal representante sindical, um grupo de militantes por trás de tal líder, uma empresa comercial por trás de tal cartaz publicitário e, quando o grupo não é fisicamente identificável, será um grupo de pensamento. Esse porta-voz é legitimado pelo grupo que ele representa, o que lhe dá direito de elogiar um projeto, justificar uma medida política, defender direitos, chamar para uma manifestação, opor-se ao poder existente. Ele atua de forma voluntária, sob a supervisão daqueles que ele representa, o que vai colocar problemas de credibilidade, tanto perante o seu grupo como perante o seu auditório. A instância de recepção é coletiva. Trata-se de um público que, *a priori*, não é homogêneo nem cativo e que deve ser conquistado. Já a instância de mediação coloca em contato as duas instâncias anteriores, produzindo sua própria *mise en scène* que interfere entre as duas instâncias anteriores, perturbando a relação delas. Assim, qualquer palavra dirigida a um público está submetida a restrições específicas.[70]

Na política, a linguagem da verdade coloca um problema. Não obstante ser declarada e reivindicada por certos políticos, ela não é crível, é tachada de manobra política, de simulacro, e pode até ser contraproducente, remetendo ao seu autor uma imagem de calculista, de cínico ou de ingênuo, provocando, em ambos os casos, suspeita. É como se ela fosse admitida por todo mundo, segundo os bons princípios do príncipe de Maquiavel, "Governar é fazer crer".[71]

A verdade na política tem um estatuto discursivo particular porque ela se inscreve em um contrato face a face e de interação entre a instância política de conquista ou de exercício do poder e a instância cidadã, lugar tanto de delegação como de contestação de poder. O político é apanhado nas contradições da democracia: de um lado, levar em conta a soberania popular pela qual é responsável e responder tanto quanto possível à demanda social; de outro, resistir à pressão popular considerada não competente, pulsional e ignorante. Em outras palavras, uma oposição irredutível entre a faculdade de explicar, dominada pela razão, e a faculdade de persuadir, dominada pela paixão. O domínio do político é o lugar dos saberes de crença que mistura razão e paixão.

Por conseguinte, o discurso político joga com as diferentes figuras de verdade, utilizando os recursos da retórica postos a serviço da construção da imagem do locutor (*ethos*) e da sedução do público, dirigindo-se ao seu espírito (*logos*) ou às suas emoções (*pathos*). Ele está preso em uma dupla coerção. Por um lado, sendo o sujeito político, em uma democracia, o representante do povo, ele deve ser responsável pela soberania popular e, nesse sentido, deve produzir uma "verdade de convicção", garantia de vontade política, e uma "verdade-sinceridade", garantia de confiança. Mas, por outro lado, o poder desconfia do povo que ele considera não ser suficientemente esclarecido. Quer se trate do povo *demos* (o do Estado e das Instituições), do povo *ethnos* (o da nação, da língua, do território e da cultura) ou do povo *plèbe* (a ralé), o poder pensa que ele se deixará manipular pelos discursos populistas que o colocam contra as elites. Ele desconfia do poder da *doxa* e da demanda social: não foi Sócrates executado pela *vox populi* de uma multidão ignorante?

É essa a discussão entre o ponto de vista de Platão, para quem a opinião comum é infundada, irracional, submetida à emoção, e Aristóteles, que considera que, na ordem do político e dos negócios da cidade, a verdade cidadã só pode ser "verdade do consenso", a do *demos*, fruto de um processo deliberativo em busca de verdade:

> Atribuir a soberania à multidão mais do que a homens ilustres, que estão sempre em minoria, pode parecer uma solução justa e verdadeira [...]. Na verdade, podemos admitir que a maioria, da qual cada membro separado não é um homem notável, está, entretanto, acima dos homens superiores, se não individualmente, pelo menos em massa, como uma refeição com custos comuns é mais esplêndida do que a refeição de uma única pessoa fazendo a despesa.[72]

Mas esta é uma verdade frágil, porque o "governo da palavra", para usar a expressão de Marc Augé,[73] e a demanda social estão sujeitos a muitas pressões e manipulações. Contradição expressa por Tocqueville:

> Considero ímpia e detestável esta máxima de que, em matéria de governo, a maioria de um povo tem o direito de fazer tudo e, no entanto, eu coloco nas vontades da maioria a origem de todos os poderes. Estou em contradição comigo mesmo?[74]

A verdade do político é, portanto, uma verdade contingente, vinculada à emergência dos acontecimentos, em um jogo sutil de esconde-esconde, de ser e de parecer, de verossimilhança e de simulacro. Isso, entretanto, não invalida o fato de que exista verdadeiro e falso no discurso político. Por meio da linguagem, se a consideramos um ato que coloca dois sujeitos em uma relação de influência recíproca que instaura a luta por uma posição dominante, o poder é sustentado pela aparência da verdade. Nesse jogo, poder e verdade estão intimamente ligados em uma relação fundadora recíproca: todo poder está baseado em uma verdade, toda verdade funda um poder.

A NEGAÇÃO
DA VERDADE

*"Assim que se nega, dá-se uma lição aos outros ou a si mesmo [...].
Há, em face do objeto, uma pessoa falando a outra pessoa,
combatendo-a e ajudando-a ao mesmo tempo;
há um início de sociedade."*

Henri Bergson, *A evolução criadora*

A negação na língua, um ato de pressuposição

A negação[75] é essencial para a existência da verdade. Como afirmar uma verdade se não se pode negá-la? Questioná-la somente já é negá-la em parte e fazê-la existir. A negação não apenas nega uma afirmação de verdade, mas ela também se torna uma afirmação em si e abre o caminho para a discussão. Isso faz da negação uma afirmação a respeito de uma afirmação. Dizer "os extraterrestres não existem" não é tanto negar a existência de extraterrestres, mas sim negar a afirmação que diz "os extraterrestres existem".

A afirmação de uma verdade enuncia-se por si mesma, mas depois de um ato de negação não se pode ficar sem reação. Um indivíduo cujas palavras ou parte delas são negadas, encontra-se afetado em sua identidade de sujeito pensante e falante e deve dar conta disso. "Assim que se nega, dá-se uma lição aos outros ou a si mesmo", diz Bergson.[76]

Mais uma vez, não abordaremos essa questão do ponto de vista filosófico, que busca uma reflexão metafísica sobre o ser e o nada, questionando-se sobre a questão de saber qual precede o outro. Kant, Hegel e Heidegger discutem arduamente sobre a diferença entre o ser e o conhecer e a negatividade dialética.[77] Quanto a Sartre, ele se pergunta o que deve ser o homem em seu ser para que, por meio dele, o nada venha a ser, e ele responde que é este que precede aquele. "O ser por meio do qual o nada vem ao mundo deve ser seu próprio nada".[78] Em outras palavras, o nada é posterior – e não anterior – ao ser, uma vez que este é primeiramente posto, depois negado.

Do ponto de vista da linguagem, a negação depende, como a verdade, de todos os atores e circunstâncias do ato de fala. Falar é produzir um ato de fala e um ato de discurso. O ato de fala consiste em pôr em funcionamento os sistemas fonético, morfológico e sintático, com as palavras do léxico, para produzir sentido. O ato de discurso consiste em pôr em funcionamento um modo de falar, sua enunciação, em função de quem fala a quem, em qual circunstância, com que objetivo, para produzir significação.[79] Essas duas atividades, realizadas conjuntamente, contribuem para o ato de negação.

Diferentemente da nominação (existe a rosa e o nome da rosa), a negação não tem referente, mas situa-se totalmente no domínio do sistema linguístico e dispõe de marcas próprias, de acordo com as línguas. Mas a negação igualmente se expressa para além das marcas linguísticas, em diversos atos de fala, como a recusa, o segredo, a desculpa, a polidez, o arrependimento, o insulto etc. Na medida em que ela procede do questionamento de uma afirmação de verdade, ela é, por definição, interativa e intersubjetiva: interativa, porque é preciso que seja enunciado, por parte de outro sujeito falante, um discurso concorrente; intersubjetiva, porque ocorre o encontro de duas enunciações diferentes. O que gera um duplo movimento de contestação e de defesa. A negação funda a controvérsia.

Em seus efeitos, a negação pode ser diversamente interpretada, e nunca se está seguro de que a negação intencional coincide com a negação interpretada. Declarar a alguém "Eu não te amo" pode denotar, senão ódio, pelo menos hostilidade ou desprezo contra o interlocutor, ou seja, um sentimento geralmente considerado inverso do amor. Mas conforme o contexto e a identidade dos dois interlocutores, essa declaração pode significar que o sentimento não é de amor, mas de amizade, simpatia, a não ser que seja de indiferença total, ou mesmo que, numa inversão total, ele signifique o contrário: "Eu te amo, eu também não"[80] ("Je t'aime, moi non plus"). Não é necessário, portanto, limitar-se somente à negação explícita e considerar no contexto o que constitui "negatividade" no discurso.

A *negação na língua* é uma operação que, de uma forma ou de outra, pressupõe uma existência, manifesta-se por uma marca própria, pode ter diversos pontos de aplicação frástica e, consequentemente, um alcance variável.

Ela pressupõe uma existência, pois é necessário conceber para negar. Assim, para uma ação ou um acontecimento: "Ele não fuma" pressupõe que haja possibilidade de fumar, "Ele não fuma cachimbo" pressupõe que exista possibilidade de fumar cachimbo, "O concerto não aconteceu" pressupõe que o concerto deveria ter acontecido. De igual modo, para uma pessoa: "Não é Jean" pressupõe que poderia ser Jean, ou "Não foi Alice que quebrou a garrafa" pressupõe que poderia ter sido Alice. Analogamente, para uma temporalidade: "Não reconheço mais nem os muros nem as ruas que viram a minha juventude"[81] pressupõe que, na minha juventude, eu reconhecia os muros e as ruas; "Bonn não é mais a capital da Alemanha" pressupõe que outrora tenha sido. Da mesma maneira, para uma quantificação: "João não ganha muito dinheiro" pressupõe que João ganha dinheiro, mas não muito. Vale, ainda, para uma modalidade: "Não acredito nestas bobagens" pressupõe a possível crença nessas bobagens.

A negação se manifesta por diversos tipos de marcas: marcas próprias ("não", tampouco, "não muito..."), prefixos (*amoral, impossível, desconstruir*), palavras elas próprias negativas (*nada, ausência, contraordem, falta*). Na gramática, normalmente, distinguem-se cinco tipos de frases simples: (a) a frase declarativa, (b) a frase interrogativa, (c) a frase imperativa, (d) a frase exclamativa e a (e) frase negativa. Mas esta última pode ser combinada com as outras quatro. Fala-se, então, de forma negativa, de transformação negativa.

A negação pode ter diversos pontos de aplicação e, portanto, a cada vez, um alcance variável; alguns linguistas falam de "foco da negação" e distinguem a negação total de uma frase ("eu não trabalhei") da negação parcial do constituinte ("Não li algumas obras do programa"). Essa distinção ocorre sempre que intervêm quantificadores (*alguns, todos, muitos*), conectores temporais (*ontem* vs. *amanhã, amanhã* vs. *noite*) ou modalidades (*certamente*): "Meu pai nunca fuma charuto à noite"; "O orador não é muito bom"; "Ele não a persuadiu facilmente". Oswald Ducrot, por sua vez, distingue "negação descritiva" e "negação metalinguística" em relação aos seguintes exemplos: "Não há nuvem no céu (negação descritiva que "fala de coisas e não de enunciados"); "Esta parede não é branca" (negação metalinguística de um "enunciado sobre um enunciado"). Mas diferentes pontos de vista de linguistas se chocam nessa questão.[82]

Do ponto de vista semântico, a negação é uma operação com múltiplos efeitos. Ela pode, conforme o contexto, introduzir uma noção contrária ou complementar à noção negada ("A parede não é azul. É preta. – Eu diria que é mais para verde escuro"); apontar uma ausência ("O presidente não veio"); atenuar um valor ("Ele não é muito rico");

reduzir um valor à sua nulidade ("Não lhe resta um centavo"); refutar um julgamento ("Não é imoral"); retificar uma afirmação ("Isso não é verdade, Emmanuel Macron não é o presidente dos ricos [...], ele é o presidente dos muito ricos").[83] Ela também pode expressar o vazio com palavras como "nada" ("eu não sei nada") e "ninguém" ("Ninguém veio"), o que permitiu a Raymond Devos brincar com as palavras:

> Pois nada... não é nada. A prova é que pode subtraí-lo. Exemplo: nada menos nada igual menos que nada! Se é possível encontrar menos do que nada, é porque nada já vale alguma coisa! Pode-se comprar algo com nada! Multiplicando isso. Uma vez nada... é nada. Duas vezes nada... não é muito! Mas três vezes nada!... Por três vezes nada, já é possível comprar alguma coisa... e barata! ("Falar para não dizer nada").

A negação age igualmente sobre o raciocínio, inserindo-se no princípio de não contradição pelo qual Aristóteles tentou refutar a concepção sofística da fala. Ela também intervém no raciocínio dialético, permitindo uma progressão do pensamento. Entretanto, a linguística nada diz sobre o sentido que a negação pode ter em uma troca linguageira, nem do ponto de vista da intenção daquele que a produz, nem do ponto de vista de seu efeito sobre o interlocutor, nem por conseguinte de sua aposta discursiva. A negação precisa de uma colocação em perspectiva da enunciação para revelar sua significação discursiva.

A negação no discurso, um ato de "negatividade"

A *negação no discurso* não se manifesta necessariamente por uma marca de negação linguística; ela pode até se expressar sob a forma afirmativa. A negação discursiva é um ato de enunciação cujo sentido depende da relação que se estabelece entre os dois parceiros do ato de fala conforme a situação de comunicação que rege a troca. Como tal, deve-se ter em conta o modo como funciona a enunciação, a saber, a dissociação que ocorre no lugar de cada um dos atores de uma troca verbal. Como dissemos brevemente sobre a verdade, o sujeito falante se desdobra em um sujeito *locutor*, ser psicológico e social, responsável pelo ato de fala, ao qual chamaremos de "Eu-pessoa", e um sujeito *enunciador*, ser de fala, que comanda a *mise en scène* discursiva,[84] à qual daremos o nome de "Eu-personagem-falante". Do lado do receptor, o desdobramento ocorre entre um sujeito *destinatário* construído e imaginado pelo locutor, que está inscrito no ato de fala, e que nomearemos "Tu-personagem-falado", e um sujeito *interpretante*, exterior ao ato de fala, e responsável pela interpretação, que nomearemos de "Tu-pessoa". Todo ato de fala é encenado com esses quatro protagonistas em um jogo de aparências, o que faz com que nunca se tenha certeza da intencionalidade do sujeito falante nem das interpretações do receptor. A negação faz parte desse jogo a quatro: do lado do sujeito falante pode ocorrer um mascaramento entre o que pensa o locutor (Eu-pessoa) e o que ele enuncia (Eu-personagem) e, do lado do receptor, o que é dito será interpretado de acordo com a relação que o interlocutor (Tu-pessoa) terá com o locutor. Aqui, como em toda matéria de comunicação, o sentido discursivo é o resultado de uma *co-construção* entre as duas instâncias de produção e recepção.

Por seu ato de enunciação, o sujeito falante se posiciona em relação às diversas figuras de verdade anteriormente descritas. Por conseguinte, a negação de discurso tem um alcance triplo: voltada para o mundo, ela nega a verdade dos fatos (*verdade factual*); voltada para o outro, o interlocutor, ela esconde o seu próprio saber (*verdade-sinceridade*); voltada para o próprio locutor, ela revela o que ele sabe ou acredita saber (*verdade-convicção*). Um enunciado como: "Não acredito que este projeto seja viável" nega a possibilidade da viabilidade do projeto, opõe-se a quem o propõe, revela a posição do locutor quanto ao projeto, mas sem que se saiba se ele acredita ou não acredita realmente nisso. O que faz que, em um jogo de espelhos, o sujeito que usa uma negação de discurso negue uma certa afirmação de verdade ao mesmo tempo que ele se opõe ao outro e revela seu próprio posicionamento, seu *ethos*. É o que se chama de *ato de negatividade*.

A NEGAÇÃO APLICADA A FATOS ("NÃO VER")

Vimos que a verdade pode dizer respeito ao saber sobre o mundo, na percepção do sujeito, do ponto de vista de sua factualidade, ou como objeto de saber ou de crença. Da mesma forma, a negação pode incidir sobre fatos ou crenças. Com a ajuda de marcas linguísticas, ela então incide sobre diferentes aspectos dessa factualidade para significar: a *inexistência* de um objeto do mundo, de um fenômeno ou de um evento, que nega qualquer afirmação de existência na realidade ("Os fantasmas, isso não existe"); a *não existência*, que não nega que algo exista, mas nega a afirmação da possível existência desse algo em um domínio particular ("Não há elefante na América Latina"); a *ausência* de algo ou de um acontecimento, que pressupõe uma possível presença, mas não concretizada em relação a uma expectativa ou a uma previsão ("Ela não veio", "Não choveu"); a *diferença*, que nega que possa haver identidade entre duas partes ("Eles não se parecem").

A NEGAÇÃO APLICADA A UM SABER ("NÃO ACREDITAR")

Vimos que existem saberes de conhecimento e saberes de crença. Nos primeiros, saberes científicos ou de revelação; no segundo, as opiniões pessoais ou comuns. A negatividade pode ser sobre qualquer um desses tipos de saber. Dizer: "A terra é plana" é negar um saber de conhecimento que demonstrou e disse que "a terra é redonda". Dizer: "Maria não nasceu de uma Imaculada concepção" é negar um saber de revelação cujo dogma afirma uma verdade contrária. Dizer: "Uma família é um pai e uma mãe" é negar um saber de opinião contrário que exige a possibilidade de adoção de crianças para um casal do mesmo sexo. Esses diferentes tipos de negação podem, entretanto, combinar-se em uma mesma enunciação. Afirmar, por exemplo, "Deus criou o homem" é negar um saber científico que mostrou que o homem se criou no final de um longo processo de evolução, é defender um dogma religioso ("criacionismo"), oposto ao conhecimento científico ("evolucionismo"). Que essas crenças assumam a forma de uma *doxa*, de um estereótipo, de um dogma, o ato de negação decreta não acreditar no que é dito ou acreditar no que não se diz: qualquer *doxa* gera uma *contradoxa*, todo estereótipo gera um contraestereótipo.

A INCITAÇÃO PARA NÃO FAZER

A negação não está tão voltada para o mundo como está para Outrem. Ela se aplica a um comportamento considerado prejudicial ao indivíduo ou à sociedade e requer a adoção de um comportamento contrário. É o caso das leis que decretam as interdições de fazer em nome do bem comum. Um enunciado como "É proibido fumar em estabelecimentos públicos" traz implícito que fumar não é bom para a vida em coletividade. É também o caso das campanhas promocionais, de que falaremos durante a descrição dos tipos de propaganda, que consistem em incitar os indivíduos a adotar um determinado comportamento, em razão de um mal que poderia afetá-los, individual ou coletivamente. As campanhas antitabaco, antiálcool fazem com que a negação incida sobre um objeto e seu uso, considerados nocivos aos indivíduos. O enunciado nem sempre contém formas negativas, mas deixa implícito um enunciado negativo: "O tabaco mata" deixa implícito "não se deve fumar"; "O abuso de álcool é perigoso" deixa implícito "não se deve beber (demais)".

Encontramos esse efeito de incitação a não fazer, sob o pretexto de um ato mais virtuoso, em discursos proselitistas que buscam captar, suscitar e forçar a adesão de outras pessoas às suas crenças, o que é uma forma de rejeitar as outras: tornar-se membro de um novo grupo é negar outros grupos; aderir ao islamismo é negar o cristianismo e o judaísmo; aderir ao cristianismo é negar o islamismo ou o judaísmo; aderir ao judaísmo é negar o cristianismo ou o islamismo. Trata-se de uma manipulação dos espíritos para fins de doutrinação, por meio de um discurso de apelo para que o outro abandone aquilo em que acreditava e que adira cegamente a uma palavra de referência sagrada. O que é como um chamado para se despojar da própria identidade, para negar-se a si mesmo.

A DESQUALIFICAÇÃO DO OUTRO

A negação discursiva volta-se igualmente para o outro quando, em uma discussão ou uma situação de rivalidade, o locutor ou o orador busca desqualificar seu interlocutor ou um terceiro que ele considera ser seu adversário, negando sua pessoa ou suas qualidades. Trata-se de um tipo de processo legal. Isso é comum na política, especialmente em debates. Realiza-se pela negação de uma qualidade que o outro gostaria de valorizar ("Você não tem o monopólio do coração"),[85] pela negação de sua competência ("Você não conhece seus dossiês"), pelo questionamento de seu lugar de fala ("Você não está representando ninguém aqui"). É o mesmo movimento discursivo ao qual líderes populistas se dedicam para estigmatizar um terceiro percebido como uma ameaça: "Os estrangeiros vêm tirar o pão da nossa boca".

Essa negação de desqualificação não é exercida apenas no universo das lutas políticas. Ela acontece igualmente no mundo profissional e nas relações interpessoais como fim de não aceitação do outro: "Quem é você para falar comigo deste jeito?", ou "Você não sabe com quem está falando?", "É absurdo este argumento!", ou "Você raciocina ingenuamente!". Essa desqualificação pode ser expressa pelos desvios tortuosos da ironia. Durante o debate presidencial de 2012 entre Nicolas Sarkozy e François Hollande, o primeiro lançou ao segundo: "Vocês vão criar um banco público. Ótimo, ele já existe! O banco público da indústria, filial da Oséo, já existe. Eis uma promessa, senhor Hollande, se o senhor for eleito, que o senhor não terá dificuldade de cumprir, pois eu já realizei".[86] Ou ainda com a ajuda de um ato de escárnio, como fez Zazie na presença deste senhor que se levava muito a sério: "Uma ova!". Mais sutilmente: um colega conta que quando jovem contratado na universidade como professor assistente, o chefe do departamento o cumprimentava, cada vez que se cruzavam, dizendo "Bom dia, hmmm... lembre-me o seu nome?", até o dia em que defendeu sua tese de Estado* e o diretor passou a cumprimentá-lo pelo nome.

A NEUTRALIZAÇÃO DO OUTRO

Existem outras formas de controlar ou subjugar o interlocutor. No âmbito de uma transação, os parceiros de uma troca podem querer *negociar*. A negociação entre duas partes supõe que cada uma aceita perder alguma coisa para chegar a um acordo que deveria ser satisfatório para ambos. Trata-se, portanto, de mostrar ao outro que se está disposto a negar suas próprias pretensões, a renunciar a uma parte do seu bem a fim de levar o outro a fazer o mesmo, ou seja, neutralizar suas pretensões para resolver a transação. A *negociação* é um jogo de soma zero que se baseia na negação parcial de seus desejos.

Outra forma de neutralizar o outro é usar uma *desculpa*. Um pedido de desculpas é um ato de fala pelo qual o locutor pede ao outro para apagar a ofensa ou o vexame que lhe foi feito. Ao contrário do que se poderia pensar, a desculpa não é tanto um reconhecimento de culpa por parte de quem pede desculpas – é o caso da *confissão* que pode livrar da culpa por um ato de contrição individual ou coletivo –, senão uma forma de neutralizar as censuras e as acusações que o outro poderia emitir. O arrependimento não incide tanto sobre o conteúdo, mas sobre o ato transacional.

Como existem figuras de verdade, existem "figuras de negação". O discurso comum frequentemente tende a confundir algumas dessas figuras. No entanto, elas se distinguem conforme o sujeito falante procure esconder o seu saber (*mentira*), esteja ou não consciente do seu saber (*denegação e má-fé*), fazendo-se passar por aquilo que não é (*impostura*).

---

* N.T.: Até a reforma universitária de 1984, existiam dois tipos de doutorado na França: o doutorado de 3º ciclo e o doutorado de Estado. Este último tinha particularidades como a ausência de uma extensão máxima (algumas teses ultrapassavam as mil páginas devido à abordagem exaustiva) ou duração (8 anos em média e por vezes mais de 15 anos). Era o caminho para se tornar um professor universitário e orientar teses. Atualmente, para orientar o portador de um título de doutorado precisa se submeter a um concurso específico.

A "mentira": negar a verdade-sinceridade

Do ponto de vista da linguagem, a mentira não é uma questão moral ou legal. Ela é assim, nos seus efeitos, como veremos mais adiante. Ela também não incide sobre a realidade referencial, ela não diz o falso do mundo, ela não é negacionismo. Ela é a negação no dizer do sujeito falante em seu ato de enunciação em face de seu interlocutor singular ou plural. A mentira também não é uma recusa de dizer, mas procede, por parte do sujeito falante, de uma vontade de mascarar o que ele pensa:

> a Linguística considera que há realmente uma mentira quando, por trás da frase mentirosa (que foi pronunciada), permanece uma frase verídica (não dita) que difere da primeira de forma contraditória [...].[87]

É, portanto, um ato de enunciação voluntária que obedece a quatro condições: (a) o sujeito que fala julga que aquele a quem ele se dirige não deve conhecer seu pensamento; (b) ele diz algo diferente do que ele sabe ou pensa; (c) ele sabe que o que ele diz é diferente ou o inverso do que ele pensa; (d) ele deve dar ao seu interlocutor, ou ao seu público, sinais que o façam acreditar que o que ele enuncia é idêntico ao que ele pensa (o que diferencia a mentira da ironia); finalmente, é necessário uma quinta condição: (e) o locutor deve acreditar que o que ele pensa é verdadeiro. Para esconder a verdade, é preciso conhecê-la.

Aquele que mente é capaz de distinguir o verdadeiro do falso. Em outras palavras, como diz o psiquiatra Boris Cyrulnik, "o mentiroso sabe exatamente o que ele quer dizer, já que não procura dizer a verdade –[88] mesmo pensando a verdade, é preciso completar.

OS EFEITOS DA MENTIRA

Do ponto de vista dos efeitos, surgem duas questões sobre a mentira. Uma por parte do sujeito falante: "Em nome do que eu deveria mascarar o que estou pensando?". A resposta não pode ser dada senão em função dos princípios morais e éticos que o orientam e da relação que ele quer estabelecer com o seu interlocutor. Do ponto de vista deste último, a questão é: "Ele me diz o que ele pensa?". A resposta não pertence a ele, evidentemente, exceto se se basear em certos indícios para fazer deles uma hipótese. O terreno está minado aqui, pois, em ambos os casos, essas atitudes têm consequências graves: o sujeito falante pode conseguir enganar o outro durante um tempo, mas se for descoberto, e mesmo se ele termina confessando, ficará desacreditado; quanto àquele que denuncia o mentiroso, ele poderá ver sua busca por revelação voltar-se contra si, se for constatado que o outro não mentiu.

Pois o mentiroso pode ter razões, inclusive morais, para mentir. Diz-se que "nem toda verdade merece ser dita". Com efeito, se a mentira é uma impostura que pode romper a relação de confiança que se estabelece entre duas pessoas ou uma pessoa e seu público, ela pode, no entanto, ter um motivo "nobre", o de desempenhar um papel de protetor. Protetor de si próprio, para evitar eventuais represálias, como se se tratasse de um caso de legítima defesa. Protetor do outro, evitando feri-lo ou colocá-lo em situação de conflito, por respeito ou compaixão, como o médico diante de seu paciente para evitar angustiá-lo. E, em seguida, protetor de si mesmo e do outro por meio de atos de polidez. Estes últimos, às vezes, exigem silenciar a verdade ou atenuá-la, estratégia socialmente aceita, como a resposta deste pesquisador que achou ruim o texto que tinha lhe submetido um colega, pedindo-lhe sua apreciação: "digamos que há muito a fazer". A mentira está ainda encoberta por uma razão moral quando se trata de mentir ao adversário, de enganar o inimigo: o espião manipulando o simulacro, o prisioneiro resistente fornecendo informações falsas. E, ainda, os pequenos arranjos com a verdade para poder sobreviver, como as populações marginalizadas relegadas que vivem na miséria ou na precariedade são levadas a fazer. É o paradoxo da mentira: mentir em nome da dignidade, da compaixão, da não traição, da sobrevivência, também é, de certa forma, verdade.

MENTIRA PRIVADA, MENTIRA PÚBLICA

A mentira não tem o mesmo sentido nem o mesmo alcance conforme a palavra é proferida em uma relação interpessoal ou difundida no espaço público. No primeiro caso, os indivíduos reagem conforme a sua sensibilidade, seu temperamento e os valores aos quais eles estão vinculados. O mesmo ocorre com a credibilidade de uns e de outros e com a relação de confiança. No segundo, o orador que se dirige a um auditório tem o propósito de cativar seu público, jogando com as paixões mais do que com a razão, e ele sabe que coloca em jogo sua credibilidade e seu poder de influência. Surge, então, para ele, uma questão moral: em nome do que posso mentir e, portanto, enganar meu público?

A mentira é igualmente ligada a considerações culturais, à maneira como um grupo social adere às suas próprias crenças. Max Weber evidenciou o que distingue uma cultura protestante de uma cultura católica. Na religião católica, a questão da salvação está relacionada ao pecado original, que só pode ser perdoado pela confissão. Por conseguinte, o espaço privado e o espaço público são separados. O erro fica no primeiro e não pode ser confessado ao outro ou divulgado publicamente: "Mesmo com o pescoço no cepo, nunca reconheça seu crime.". Na religião protestante, a salvação é final e obtém-se a redenção por "obras" realizadas durante a vida. Consequentemente, o espaço privado e o espaço público se confundem, não há nada a esconder (não há venezianas nas janelas) e não há necessidade de uma confissão que manteria o pecado no segredo do íntimo. Foi possível constatar isso em alguns casos nos Estados Unidos: Nixon acabou confessando publicamente que ocultou as provas do caso Watergate e fez declarações falsas enganando seus concidadãos, terminando finalmente por renunciar em 9 de agosto de 1974; Bill Clinton confessou ter tido relações íntimas "inapropriadas" com sua estagiária Monica Lewinsky. Foi desacreditado, mas resgatado pela confissão pública. Na França, país de cultura predominantemente católica, os casos de escândalo político[89] ou de aventuras amorosas de personalidades políticas[90] nunca são confessados pelos interessados e, aliás, não preocupam muito a opinião pública. Mas, talvez, nesse contexto, as coisas estejam prestes a mudar: Benjamin Griveaux, candidato às eleições para prefeito de Paris, enviou a uma jovem que não era sua esposa um vídeo pornográfico, que foi encontrado on-line nas redes sociais, o que levou ao abandono de sua candidatura. Para o sociólogo Luc Boltanski, esse seria o questionamento progressivo de uma forma republicana da razão de Estado em seus princípios soberanos.

Seja como for, a mentira remete à responsabilidade do sujeito falante que sabe que, enquanto locutor, tem a possibilidade de expressar as coisas como as pensa ou de ocultá-las, até mesmo de expressá-las de forma contrária. Não há, portanto, mentira *per se*, assim como não existe um mentiroso *per se*. Só existe mentira em uma relação, em função do que está em jogo nessa relação. A mentira tem a ver, portanto, com esta categoria de verdade que é a *verdade-sinceridade*, negando-a.

A "denegação": a repressão do saber

A denegação é um ato de enunciação pelo qual o sujeito locutor nega o que pensa, assumindo a veracidade do que diz, sem poder ou querer reconhecer, no fundo de si mesmo, o que ele nega, aquilo que o fere, difama ou que o faz sofrer. Diz-se, então, que ele está "no estado de negação". Ele está na incerteza de seu saber, não tem plena consciência dele ou o reprime, o que distingue, como veremos mais adiante, a denegação da má-fé.

Os dicionários propõem uma primeira definição: "ato de negar alguma coisa", que é geral demais para distingui-la de outras categorias de negação. Em uma segunda definição, relacionada ao direito, eles especificam que se trata de uma "recusa em reconhecer a exatidão de um fato alegado ou de uma asserção apresentada pelo adversário".[91] Mas tal definição, limitada a uma situação judicial, não nos diz qual é a natureza dessa recusa nem se o locutor acredita ou não no que ele diz. É necessário distinguir, conforme os contextos, "negar", que é de um emprego genérico, significando formular negativa sobre algo, e "estar em negação",[92] que corresponde à denegação.

O ato de denegação atende às condições que acabamos de enunciar: o sujeito locutor assume o que diz, o que considera ser verdadeiro; recusa, inconscientemente, o que sabe, pensa ou poderia saber, o que o transforma em um ato involuntário; ele precisa de um sujeito externo para, eventualmente, tomar consciência disso, como o locutor que é criticado por ter insultado alguém e que exclama: "Mas eu não tinha intenção de insultá-lo!". Da mesma forma, ouvem-se, cada vez com mais frequência, figuras públicas declararem: "Se as minhas palavras causaram impacto negativo, foi sem que eu desejasse e peço perdão aos que se sentiram afetados"; "Lamento sinceramente se as minhas palavras chocaram ou feriram alguém".[93]

A dúvida, porém, subsiste e é o que permite ao interlocutor ou a um terceiro fazer uma acusação, ou seja, atribuir ao locutor uma intenção contrária ao que ele nega. Ou ainda, uma mulher que, tendo confessado ter sofrido violências sexuais por parte do seu pai, declara: "Não posso contar para minha mãe, ela está em estado de negação". Quando uma decisão judicial nos parece não ter levado em consideração todos os elementos de um dossiê ou ter sido influenciada pelo governo ou por algum grupo de pressão, não se diz que houve uma "denegação de justiça"? Ocorre aquilo que os psicólogos chamam de "dissonância cognitiva".

Quando a denegação envolve explicações referentes a fatos ou opiniões, ela é acompanhada de uma argumentação destinada a autojustificar seu locutor, tornando-se um ato de autodefesa não consciente. Freud teorizou sobre esse comportamento como parte de um mecanismo de defesa inconsciente que consiste em enunciar desejos, pensamentos, sentimentos sem reconhecê-los:

> Um paciente diz: "O senhor vai pensar agora que eu quero dizer algo ofensivo, mas realmente não tenho essa intenção". Entendemos que se trata de uma recusa de uma ideia que acaba de emergir por projeção. Ou: "O senhor pergunta quem pode ser essa pessoa no meu sonho. Minha mãe não é". Então, retificamos: é a mãe dele. Tomamos a liberdade, no momento da interpretação, de abstrair a negação e extrair o conteúdo puro da ideia. É como se o paciente tivesse dito: "Para mim, é verdade, minha mãe me veio à mente a propósito dessa pessoa, mas não tenho nenhuma vontade de deixar prevalecer essa ideia".[94]

A DENEGAÇÃO COMO UM TABU

A denegação seria, portanto, para o sujeito falante, como um tabu que ele não ousa enfrentar e que pode ser uma fonte de um politicamente correto, quando, por exemplo, alguém afirma não ser antissemita enquanto ataca os judeus, não ser antimuçulmano enquanto ataca imigrantes de origem árabe. Trata-se do "processo pelo qual o sujeito, mesmo formulando um de seus desejos, pensamentos, sentimentos, até então reprimidos, continua a se defender deles negando que pertença a ele".⁹⁵ O "sentido mente",* diria Lacan. É o caso dos "colaboradores" que, depois da guerra, negaram a intenção de ajudar os alemães; ou ainda o dos torturadores de Auschwitz argumentando que estavam apenas obedecendo a ordens, como bons soldados, sem ter consciência do horror de seus feitos e gestos. Esse é o caso de qualquer pessoa que recusa, inconscientemente, reconhecer sua situação, porque, ao que parece, reconhecê-la seria ainda mais doloroso. Assim, um jornal pode intitular: "A Igreja e a negação da pedofilia: A Igreja da França em direção ao reconhecimento dessas crianças após séculos de negação".⁹⁶ É por isso que o sujeito que denega só poderia tomar consciência de seu ato por meio da reação de alguém que questionaria suas palavras, o trataria como hipócrita ou lhe faria uma acusação, ou seja, lhe atribuiria um pensamento contrário ao que ele diz.

Um estudo sobre o comportamento dos executivos em uma empresa mostra uma discrepância entre as avaliações que eles fazem do trabalho e o conhecimento e a experiência que possuem da situação real do trabalho. Os autores do estudo colocam-se a questão: "Como é que conseguem admitir que se possa continuar assim a 'reduzir', constantemente, o número de colaboradores sem que isso altere o funcionamento da empresa, embora sofram todos os dias, não sem dor, as dificuldades de cumprir os objetivos em um contexto de escassez crônica de pessoal?" E eles respondem:

> A negação do real do trabalho constitui a base da "distorção da comunicação" (Habermas). Geralmente, está associada à negação do sofrimento na relação com o trabalho. Com efeito, a negação do real, que implica a supervalorização da concepção de gestão, leva, inevitavelmente, a interpretar os fracassos de trabalho comum como a expressão de uma incompetência, de uma falta de seriedade, de uma negligência, de uma falta de formação, de uma malícia, de um fracasso ou de um erro relativos ao homem.⁹⁷

É, na verdade, um caso de "sofrimento negado". O indivíduo, em uma situação de trabalho, encontra-se, nas suas representações, sob a influência de uma ameaça de demissão, má avaliação ou descrédito,

---

* N.T.: No original "le senti ment" (escutamos *sentimento*), significa literalmente o sentido mente, ou seja, o que sentimos mente.

justificada pela submissão do conjunto dos trabalhadores. "Ele nega sua situação de trabalho, não querendo reconhecer seu sofrimento".[98]

HUMOR COMO FALSA JUSTIFICAÇÃO

Em 8 de fevereiro de 2019, o jornal *Libération* revelou que cerca de trinta jornalistas parisienses, membros de um grupo do Facebook denominado "liga LOL", foram acusados de ter cometido atos de ciberassédio entre 2009 e 2012, especialmente pelo Twitter. Um caso emblemático de humor, derivando para a violência verbal através da provocação, do sarcasmo, da brincadeira. Havia alguma intenção de ferir? Os LOLs[99] se defendem e pedem desculpas. Não obstante, isso faz parte de uma tendência atual, viabilizada pelas redes sociais, que consiste em formar um grupo de pessoas, oriundas de um determinado meio profissional, ou por afinidades amigáveis (ex-alunos do ensino médio, de estudos, de encontros, de atividades esportivas ou de lazer), a fim de compartilhar todos os tipos de cumplicidade. Assim, seus membros se autolegitimam em um "entre si" e, para evitar que esse entre si seja percebido como comunitário, étnico, religioso ou político, eles usam e abusam do humor sarcástico, estigmatizando aqueles ou aquelas que não fazem parte de seu mundo. Embora o objetivo, de acordo com membros desse grupo, fosse fazer brincadeiras em particular, alguns gradualmente derivaram para a piada sexista, tendo como alvo jovens colegas. Sua tomada de consciência *a posteriori* ("Não percebemos que era assédio") e suas desculpas (era uma questão de humor e conivência de "parque infantil") sugerem que estavam anteriormente em estado de negação.

Às vezes, emprega-se o termo *denegação* para designar a atitude de alguém que nega o que fez ou o que sabe, mesmo sabendo perfeitamente, como pode acontecer em um interrogatório policial. Isso não é uma denegação, pois há uma consciência e uma vontade de esconder o que se sabe dizendo o contrário. Estamos simplesmente lidando com uma mentira. A denegação baseia-se em uma verdade de convicção. O sujeito falante acredita-se no óbvio: "'Eu' acredito, ou quero acreditar", a tal ponto que, quando a crença se revela falsa, fala-se em "negação da realidade".

A "má-fé":
o simulacro do saber

Denegação e má-fé têm em comum, por um lado, a incerteza quanto à relação entre o sujeito e seu saber e, por outro lado, o fato de ser o interlocutor ou terceiro quem atribui uma ou outra dessas atitudes ao sujeito falante. Entretanto, uma diferença os distingue quanto à relação que o sujeito falante mantém com essa incerteza.

Nos dicionários, a má-fé é objeto de duas definições opostas. Uma considera que o sujeito sabe que está dizendo uma coisa falsa, que há uma disposição de sua parte em afirmar algo que ele sabe ser totalmente falso, mas que mantém contra todas as probabilidades. A má-fé opõe-se então à boa-fé, na linhagem de Schopenhauer, que descreve os diversos estratagemas para demonstrar "que temos razão quando sabemos que erramos".[100] A outra definição afirma, ao contrário, que a má-fé não é consciente, que o sujeito carece de lucidez quanto ao seu próprio saber. Essas duas definições, em sua radicalidade, apresentam problema. A primeira definição leva a confundir má-fé e mentira, pois há vontade de esconder. A segunda leva a confundir má-fé e denegação, pois a dissonância seria inconsciente.

A má-fé atende às seguintes condições: o sujeito-falante parece assumir que ele considera verdadeiro o que diz; mas não ignora completamente o que sabe ou pensa; ele simplesmente se cala, deixa de lado, não quer pensar nisso e quer acreditar no que diz; é apenas outro sujeito que pode fazê-lo perceber que ele não pensa no que diz ("Você está agindo de má-fé"). Não se trata mais de convicção. A aposta é no simulacro: "Não quero acreditar".

A má-fé é um ato de camuflagem do seu próprio pensamento, mas sempre se colocará a questão para o receptor – e talvez, também, para o próprio locutor – se ele acredita ou não no que diz. Com a má-fé sempre vão pairar dúvidas sobre a sinceridade do sujeito falante quanto à consciência que pode possuir a respeito de seu saber: "Há aqui um paradoxo inerente ao discurso da má-fé, que busca tanto mascarar seu sentido quanto revelá-lo, disfarçar sua intenção mas deixá-la subentendida [...]".[101] Por exemplo, uma pessoa apanhada em flagrante por fumar um cigarro, quando tinha declarado que não fumaria mais, justifica-se: "Não, mas eu queria saber se isso me faria voltar". Ela acredita nessa justificativa? Ou ainda, um motorista parado por excesso de velocidade por uma *blitz* da polícia rodoviária, explicando que não viu a placa com indicação do limite de velocidade. Verdadeiro? Falso? É o que queremos chamar de "falsa explicação", um "falso pretexto" ou uma "falsa desculpa" para justificar uma ação, como o professor que diz concordar com o movimento grevista, mas se recusa a aderir a ele sob o pretexto de que seus alunos o esperam, quando ele deve saber que fazer greve implica não aparecer em sua sala de aula. Para o sujeito falante, a explicação é um pretexto para não se deparar com o seu próprio saber. Mona Ozouf relata na coluna de um jornal:

> Um dia, lembro-me, no colégio: vi aparecer a estrela amarela na blusa de uma de minhas colegas mais velhas. Chego em casa, pergunto o que é, um amigo do meu pai me diz: "E você, não ficaria orgulhosa de usar o arminho, emblema da Bretanha? Bem, veja você, é a mesma coisa". E aí, sem realmente entender, eu sinto que ele está me enganando.[102]

Ao insistir em ignorar o saber, situamo-nos na linhagem de Barthes que fala da má-fé onde ele percebe uma marca de duplicidade, o que o levará a denunciar, em suas *Mitologias*, a "má-fé burguesa". Ora, a duplicidade é, de fato, a indicação de que há dois sujeitos (falante e enunciador) cuja relação é discordante, sem que a consciência dessa duplicidade seja sempre total. Não estamos jogando com uma aparente negação quando dizemos: "Não sou especialista na questão, mas penso que..."? E a serpente da Bíblia que incita Adão e Eva a comer o fruto proibido, argumentando que eles serão como o próprio Deus e conhecerão tudo do bem e do mal, ao passo que o que interessa ao Diabo é destruir a onipotência de Deus, não é um "príncipe da duplicidade" e o primeiro promotor da má-fé? Sartre, por sua vez, faz disso o fundamento da dissociação do sujeito:

Estou no modo de ser o que não sou. Não se trata apenas de condições sociais, aliás; nunca sou nenhuma das minhas atitudes, nenhum dos meus comportamentos. O bom falante é aquele que brinca de falar, porque ele não pode estar falando: o aluno atento que quer estar atento, os olhos fixos no professor, os ouvidos bem abertos, esgota-se ao fingir que está atento, que acaba não ouvindo nada.[103]

A MÁ-FÉ COMO MÁ CONSCIÊNCIA

A má-fé remete, portanto, a essa laceração da condição humana, que atua entre um desejo de ser e um jogo de parecer, porque "a consciência, em vez de dirigir sua negação para fora, volta-a para si mesma".[104] Ela é como uma mentira a ser contada sobre si mesmo. Sartre se situa fora da problemática do inconsciente que Freud defende, pois, para ele, trata-se de uma consciência de má-fé, visto que, se o sujeito não quer ver o que reprimiu, é preciso que ele tenha consciência do que reprime, caso contrário não há repressão. É, no entanto, o que Freud aponta ao considerar que o inconsciente é um pretexto para a explicação, ao dizer "é mais forte do que eu". O que significa que o sujeito falante pode se enganar, pelo menos inicialmente, mas que também pode ter consciência da discrepância *a posteriori* e se justificar declarando "Eu disse isso contra a minha vontade". E se ele mantiver sua posição dizendo algo como: "Tenho razão, mesmo se estiver errado", ele assume, então, a figura do perverso.

Isso explica por que um militante não pode, em princípio, estar de má-fé, pois é preciso que ele acredite no que diz. Se ele visse de outra forma, se ele ouvisse os argumentos contrários, ele não poderia mais agir. A não ser que ele jogue com a duplicidade, porque, aos seus olhos, isso se revela necessário para justificar a luta: "Não é verdadeiro, mas lhe faz bem" e, ao mesmo tempo, "Isso me faz bem". Ele, então, está de má-fé: "A revolução ficará para depois, diz um Colete Amarelo em uma entrevista. Talvez, no dia 1º de maio, dia do encontro de muitos *black-blocs* europeus".[105] Ele acredita nisso? E se não é ele quem diz, são outros que o ouvem: "Pode não ser verdadeiro, mas gosto de ouvir isso, gosto de acreditar, faz bem", como dizem alguns eleitores de Donald Trump.

A má-fé também está presente na nossa vida cotidiana e nas trocas cotidianas com os outros, e isso, às vezes, como diz Freud, "a contragosto": nas brigas de casal, nas discussões com nossos amigos, nossos colegas, nosso empregador. Ela aparece em expressões, como "Não é bem isso, na verdade, vou te explicar", e a arma do falso argumento é sacada. Ela aparece a cada vez que alguém, sabendo-se culpado, recusa-se a admitir que se enganou, que se quer evitar pedir desculpas, como mostra este diálogo do romance de Gaston Leroux:

– E implorei a um dos meus amigos que me informasse sobre os passos desse indivíduo. Eu estava muito curioso para saber se ele não tinha saído de Paris.
– Bem, respondeu Rouletabille, você está bem-informado. Você não acha, entretanto, que as feições pálidas de seu Brignolles escondiam Larsan ressuscitado?
– Isso não! Eu gritei, com total má-fé, porque eu suspeitava que Rouletabille zombava de mim.
A verdade era que eu havia pensado exatamente nisso.[106]

As fábulas de La Fontaine contam as façanhas de uma raposa que engana várias espécies de animais que encontra, com toda a má-fé possível. Como na fábula "O lobo e a raposa".[107] Esta última, pensando ter visto um queijo no fundo de um poço, quando se tratava do reflexo da lua, desceu com a ajuda de um dos baldes. Percebeu, então, seu erro, mas não conseguia voltar. Vendo que o companheiro lobo vinha saciar sua sede, ela lhe promete que, se ele descer pelo outro balde, poderá degustar daquele enorme queijo. Nosso lobo, nada malicioso, entra no balde e desce enquanto o outro sobe e o deixa entregue a seu triste destino.

Às vezes, o humor pode servir de anteparo contra a má-fé, pois é verdade que dizer "Eu estava brincando" deixa o interlocutor na ambiguidade. "Ser humorista, diz Fary, é ter má-fé. Gostamos de bancar o advogado do diabo, defender o indefensável. O humorista aproveita o fato de não haver ninguém na sua frente para desenvolver sua argumentação, ainda que, de início, seja contestável".[108] Nos debates, pode acontecer que um dos debatedores conteste a maneira de abordar uma questão: "Esse não é o verdadeiro problema", quando sabe que esse *é* o verdadeiro problema; mas, não tendo resposta e não querendo ir ao terreno do adversário, prefere desviar a atenção propondo outra problematização. Da mesma forma, o que se denomina "argumento de autoridade" participa da má-fé porque diz que a verdade não depende de seu conteúdo, mas do *status* de superioridade da pessoa.

MÁ-FÉ NÃO É MENTIRA

Assim, ao contrário do que se diz na linguagem corrente, a má-fé é distinta da mentira: "Não se mente sobre o que se ignora, não se mente quando se espalha um erro pelo qual se foi feito de tolo, não se mente quando se está enganado",[109] diz Sartre. Com efeito, a mentira foi definida como uma enunciação em que o sujeito falante está perfeitamente consciente do seu saber, de sua verdade, que ele procura esconder do interlocutor, dando-lhe todos os indícios que lhe devem fazer crer que aquilo que ele diz corresponde ao que ele pensa: na mentira, o mentiroso mente, voluntariamente, ao seu interlocutor, escondendo sua verdade. No caso da má-fé, o sujeito mente para si mesmo, escondendo de si mesmo a sua verdade: falta lucidez.

A má-fé se distingue igualmente da denegação, estando próxima a ela, naquilo que nesta última, como já dissemos, não há consciência da discrepância como se houvesse apenas um sujeito falante-enunciador. Na denegação, o sujeito avança com uma venda nos olhos; na má-fé sua venda está furada. Nem Don Juan nem Dom Quixote têm má-fé. Um pratica uma mentira ao prometer casamento às mulheres que encontra, embora saiba muito bem que não se casará com elas. O outro está na pura ilusão, precisando acreditar em sua Dulcineia, a quem nunca encontrará, a quem faz de dama de seus pensamentos, a quem jura amor e lealdade. Às vezes, ele pratica a denegação quando se recusa a reconhecer os moinhos de vento pelo que são. Além disso, quando se reconhece a má-fé, contrariamente à mentira e à denegação, o ato pode ter a virtude de restabelecer um vínculo de confiança. Sócrates, em sua maiêutica, procede por meio de perguntas ou afirmações, aparentemente ingênuas, nas quais ele não acredita necessariamente, pois seu objetivo é levar seu interlocutor a certa conclusão ou contradição. Essa aparente má-fé tem uma virtude pedagógica.

Podemos ver, entretanto, que a má-fé traz problemas para a discussão. Ela impede que se desenvolvam controvérsias na sequência, já que o debatedor de má-fé defende sua posição, sabendo que ela é insustentável. Não se trata mais de uma posição, mas de uma *postura*: defender a todo custo uma ideia inversa e contra toda evidência, na qual não se acredita. Sócrates, em seu diálogo com Cálicles, deixa claro:

> Portanto, é claro, se tem vergonha, se não ousa dizer o que pensa, é obrigado a se contradizer. Aí está, isso é o que tu terminaste por entender e tu estás usando com má-fé nas discussões. Se alguém fala sobre o que é conforme à lei, tu o questionas sem que ele o veja sobre o que é conforme à natureza, e se ele fala sobre a natureza, tu me levas a te responder sobre a lei.[110]

Uma controvérsia necessita que as discussões sejam "de boa-fé", o que significa que cada debatedor apresente apenas os argumentos em que acredita. A má-fé é contrária à honestidade intelectual: "O odioso na má-fé é que ela acaba dando má consciência à boa-fé",[111] diz Jean Rostand. Talvez Sartre tenha razão ao dizer que a má-fé é um sinal de dilaceração da condição humana. Comentando sobre isso, a filósofa Jacqueline Morne especifica:

> A má-fé aparece como a tentativa impossível de escapar da própria responsabilidade. [...] Nunca somos tão obscuros para nós mesmos a ponto de ignorarmos o essencial de nós mesmos, ou seja, nossa liberdade inabalável.[112]

A "impostura": uma usurpação do espaço

Os dicionários, uma vez mais, dão-nos definições circulares usando os mesmos termos, *mentira, impostura, contraverdade* etc., que remetem uns aos outros, sem os comparar e procedendo por aproximações com outros termos mais ou menos sinônimos: *piada, embuste, engodo, isca, fraude, falsificação, plágio, farsa* etc. No entanto, eles nos fornecem algumas indicações. Originalmente, os dicionários do século XVII não enfatizavam a impostura e apenas indicavam qualquer forma de mentira evidente. Foi apenas no século XVIII que a impostura se tornou equiparável à mistificação, somada à ideia de engano, como um plano para abusar da credulidade de alguém. *Le Robert* oferece duas definições, sendo uma indicada como "arcaica": "ação de enganar com discursos mentirosos, falsas aparências" e dá um exemplo emprestado de Rousseau: "mentir em benefício próprio é impostura"; a outra é dita literária: "impostura de uma pessoa que se faz passar pelo que não é", contrapondo-a com *franqueza* e *sinceridade*, tendo como exemplo "as imposturas de um bandido". O *Dicionário histórico da língua francesa* nos diz que "O nome [impostura] designava, no século XVII, uma falsa imputação, uma calúnia (1643) e uma falsa aparência, uma ilusão" e que permanece literário no sentido de "impostura de uma pessoa que finge ser o que não é (1670), e de aparência enganadora." "*O tesouro da língua francesa informatizado* (TLFi), hospedado on-line pelo CNRTL (Centro Nacional de Recursos Textuais e Lexicais), propõe uma longa definição com uma série de exemplos, em duas partes, resumidos aqui:

> A. "Ato, palavra que tende a enganar os outros com o objetivo de tirar proveito deles", tendo por sinônimos *duplicidade, falsidade, impostura, mentira, repreensão*. Por extensão, caráter de uma obra de imitação inconfessada e, por metonímia, a própria obra, como uma falsificação.

B. Atitude de quem busca enganar os outros sobre sua própria pessoa, sobre seu caráter; Sartre: *Estava me afundando na impostura. Condenado a agradar, dei a mim mesmo graças que se dissipavam na hora (Les Mots, 1964, p. 67).* Em particular, atitude, ação de quem finge ser o que não é, para outra pessoa; sinônimo: *usurpação.*

Vê-se que *impostura* compartilha com os outros termos dados como equivalentes a ideia de que há negação e impostura no efeito. Mas se distinguem duas acepções: uma, geral, que tende a se confundir com mentira, visto que designa um ato de fala que falsifica e busca enganar os outros; a outra, mais particular, que caracteriza a atitude de uma pessoa que se faz passar por outra. Reteremos, dessas definições, a que se encontra na filiação da segunda acepção que o dicionário da Academia muito bem sintetiza: "Ação de enganar os outros, notadamente com falsas aparências ou se passando por outro."

Vejamos o caso deste homem que enganou a família, parentes e colegas durante 18 anos, fazendo-os acreditar que era médico e pesquisador.[113] Ele não passou do segundo ano da faculdade de Medicina, mas conseguiu fingir que fez todos os exames e obteve o diploma final. Declarou-se, então, médico e pesquisador do Inserm,* depois, na Organização Mundial da Saúde (OMS), e, lendo livros especializados, conseguiu impressionar os colegas que o classificaram como excelente. Ele construiu uma falsa identidade para si mesmo e enganou todo mundo.

Estamos exatamente como na mentira, denegação e má-fé, em um ato de impostura. Mas, exceto por querer estender o semantismo da *impostura* a todos os casos de negação de fatos provados, a todos os discursos falsos e falaciosos, há algo específico que distingue a impostura dessas outras categorias de negação discursiva. Lembremos, uma vez mais, que o ato da fala se define como o resultado de um jogo entre duas instâncias de fala, de produção e de recepção, divididas. No que se refere à instância de produção, divisão entre *sujeito-locutor-pessoa,* identificado segundo suas características psicológicas e sociais, iniciador da fala, e *sujeito-enunciador-personagem,* ser de pura fala, encenado pelo locutor-pessoa

---

* N.T.: O Inserm é uma instituição pública de caráter científico e tecnológico, colocada sob dupla tutela do Ministério da Saúde e do Ministério da Pesquisa. Dedicado à pesquisa biológica, médica e à saúde humana, está em todo o percurso desde o laboratório de pesquisa até o leito do paciente.

e supostamente representando-o. Ao mentir, o locutor faz de modo que o que é dito pelo enunciador mascare, deliberadamente, o que ele pensa como locutor; na denegação, o que é dito pelo enunciador mascara o que o sujeito falante pensa, sem que ele tenha consciência disso; na má-fé, o que o locutor pensa é colocado entre parênteses.

Na impostura, a relação é mais complexa, pois se trata de um jogo de simulacro entre locutor e enunciador: o eu-locutor-pessoa encena um eu-locutor-personagem que diz o falso dado como verdadeiro; ao fazer isso, o eu-enunciador constrói, positivamente, uma falsa imagem – até mesmo uma identidade – do eu-locutor, mas essa imagem ou identidade é dada como verdadeira. Em outras palavras, a impostura especula sobre os lugares da instância do sujeito falante, que faz com que a relação entre sujeito locutor e sujeito enunciador não seja em relação aos fatos, mas às identidades. Há, portanto, na impostura, um jogo de *usurpação de lugar* que não existe na mentira, nem na denegação, nem na má-fé. Se alguém que pratica a denegação ou má-fé costuma ser chamado de impostor, pode ser porque não há palavras para designá-lo e, portanto, um impostor toma o seu lugar. Por fim, não confundiremos a impostura com a piada ou a farsa, como no caso de câmeras escondidas ou trotes telefônicos, porque esses atos de fala são apenas imposturas provisórias, rapidamente desmascaradas e não levadas a sério, farsas destinadas a enganar momentaneamente e desencadear o riso.

A impostura resulta, portanto, de um processo de substituição de instâncias de fala, um jogo de ser e parecer entre essas figuras de sujeitos, uma mistificação que engana os outros:

> O impostor finge ser o que não é, e o receptor (ou seja, o tolo ou a vítima) toma o que vê pelo que é. A impostura supõe, portanto, a duplicidade, na qual o ser, o verdadeiro, é ocultado e o parecer é apresentado como verdadeiro.[114]

Esse jogo de substituição pode incidir sobre diferentes componentes do ato de enunciação.

A SUBSTITUIÇÃO DE PESSOAS

Substituição de uma pessoa física por uma pessoa física, uma se passando por outra, como foi o caso de certos soldados da Primeira Guerra

Mundial que assumiram a identidade de soldados mortos em combate para escapar das condenações de deserção ou, no caso dos prisioneiros, que, em campos de concentração, ocupavam o lugar de cadáveres para escapar ou sobreviver.[115] Também é o caso de sósias, quando fingem ser o original, mantendo a ideia de que o original desaparecido ainda está vivo. Numerosos romances e filmes contam histórias de usurpação de identidade: no filme quebequense *A lista: você está livre hoje?* (2008), um homem assume a identidade de um outro após uma troca acidental de telefone celular; *Mad Men*, uma série que apresenta o publicitário Don Draper que usurpou, durante o serviço militar, a identidade de seu superior, morto em combate, vivendo, a partir de então, com o sobrenome deste último; *Banshee*, outra série que mostra um homem recém-saído da prisão que assume a identidade do novo xerife de uma pequena cidade; *Imposteur*, um curta-metragem de Elie Chapuis (2013); *Thomas, o impostor*, romance de Jean Cocteau (1923) e levado às telas por Georges Franju (1964), que conta a história de um jovem, Thomas Guillaume, que se faz passar por um suboficial, sobrinho do General de Fontenoy e se apaixona por Henriette, a filha da princesa de Bormes, que o havia contratado como motorista de ambulância.

Os casos de golpes no ciberespaço fazem parte desse jogo de substituição. Substituição de identidade por parte de pessoas que assumem a identidade de pessoas conhecidas do destinatário, apropriando-se de seus endereços de e-mail e solicitando a seus amigos ajuda financeira: "Estou em apuros, você pode me ajudar com 300 euros, que te devolverei?". Substituição por falsas empresas que, apresentando-se com o logotipo do banco ou da entidade de crédito a que estamos associados, solicitam a atualização de dados pessoais (número do cartão, código, senhas), a fim de nos proteger contra possíveis fraudes. Ou ainda os falsos suportes técnicos que bloqueiam, temporariamente, uma página da web, introduzindo vírus ou spam e oferecem reparo de bloqueios de computador, o que, no mundo cibernético, é chamado de técnica de "*phishing*".

Esses jogos de substituições, além dos procedimentos de maquilagem física, são, de fato, uma questão de linguagem porque operam por meio do subterfúgio do nome e de um discurso de justificação: um nome toma o lugar de outro usurpando uma identidade. Essa usurpação do lugar obriga o usurpador a fundir-se completamente com a pessoa de quem ele toma o lugar e é acompanhada por um ato de enunciação enganoso que diz: "Sou aquele que digo ser".

No entanto, esses jogos de substituição nem sempre são condenáveis. Afinal, os soldados que assumiram a identidade de um de seus companheiros mortos o faziam apenas para sobreviver. E, então, sabemos o que Ulisses fez para escapar do Ciclope: disse a Polifemo que se chamava "Ninguém" e, depois que cravou uma estaca em seu olho, este incitou seus congêneres dizendo que "Ninguém" o havia matado; graças a isso, estes últimos entenderam que ele não precisava de ajuda.

Por fim, conhecemos o subterfúgio do romancista Roman Kacew, *aliás,* Romain Gary, que teve uma segunda carreira com quatro livros publicados antes de seu suicídio (dezembro de 1979), sob o pseudônimo de Émile Ajar: *Abraço apertado* (1974), *A vida pela frente,* (Prêmio Goncourt, 1975), *Pseudo* (1976), *L'Angoisse du roi Salomon* (1979).

A SUBSTITUIÇÃO DE QUALIDADES

O locutor permanece ele mesmo, mas se apropria de algumas das qualidades ou papéis de outra pessoa. Ele atribui a si mesmo qualidades que o tornam um locutor diferente do que é: um ato de usurpação que faz com que o enunciador apresente o locutor como o autor dos fatos, ditos ou escritos que não são aqueles do locutor que fala. Trata-se de um jogo de simulação, de alteração, entre o que se chamou de locutor-pessoa e enunciador-personagem, este último falando no lugar do primeiro.

Encontramos aqui o caso do falso médico que fazia as pessoas acreditarem que era médico e pesquisador. É também o caso de pessoas que, sentindo-se culpadas, criam outro personagem, tomando emprestadas as façanhas de outra categoria de indivíduos, como aconteceu no pós-guerra, alguns colaboradores se apresentando como combatentes da Resistência. O filme *Um herói muito discreto* (1996) conta a história de um homem comum, sem compromissos, que se faz passar por um herói da Resistência Francesa. É o que podemos chamar de "síndrome do colaborador", uma mistura de má-fé, porque ele não pode ignorar que colaborou, e denegação, porque busca reprimir suas ações passadas e se persuadir de que é esse outro que ele não é. O escritor espanhol

Javier Cercas[116] conta, em seu livro *O impostor*, a história de Marco, que, durante trinta anos, fez todos ao seu redor acreditarem, a mídia e o público, que ele tinha sido, antes de tudo, um grande combatente ao lado dos republicanos durante a Guerra Civil Espanhola, depois, um grande resistente na clandestinidade durante o franquismo, a ponto de se eleger secretário de associações de luta contra o franquismo, como a CNT, organização política anarco-sindicalista. Finalmente, ele se fez passar por um antigo deportado da Segunda Guerra Mundial para o campo de Flossenbürg, propagando em conferências, entrevistas na mídia e chegando a entrar no Amicale de Mauthausen, de antigos deportados espanhóis, e se eleger presidente. Tudo isso era falso. Ele tinha se apropriado de qualidades que não possuía.

É também o caso de pessoas que, acusadas, negam os fatos que lhe são imputados e se voltam contra os acusadores, apresentando queixa por difamação. Nesse exposto, é o personagem, como enunciador, que nega e, portanto, constrói uma imagem de pessoa virtuosa, oposta àquela que lhe é imputada. Foi o caso de Bernard Cahuzac, ministro delegado, encarregado do orçamento que, acusado de possuir fundos não declarados em contas na Suíça e em Singapura, negou por algum tempo esses fatos, clamou por sua inocência perante as Câmaras do Parlamento e ameaçou ajuizar uma queixa por difamação. Ele construiu para si uma imagem de homem virtuoso – visto que, no exercício de suas funções, havia declarado que queria enfrentar a fuga de capitais –, enquanto ele (isto é, sua pessoa) era realmente culpado pelos fatos que lhe eram imputados, até que terminou por confessar ao juiz de instrução. A pessoa é a mesma, mas houve tentativa de construir outro personagem. Só se pode pensar em Tartufo, modelo da imagem de virtude escondendo uma pessoa gananciosa.

O caso do plágio é típico do jogo de usurpação de qualidade: uma pessoa se apropria de uma parte do que outra diz ou escreve, como se ela fosse a autora. Conhecemos exemplos disso: um professor que se apropria de uma parte de uma dissertação ou de uma tese de um de seus alunos e a integra em sua própria produção, como se ele fosse o autor; o aluno que envia as tarefas de casa, copiando e colando textos encontrados na internet; um humorista[117] acusado de ter utilizado esquetes americanos e canadenses para fazer os seus. Vemos a diferença entre plágio, paródia e pastiche: os dois últimos partem de um texto original, pertencente a um determinado autor, e transformam-no, parodiando-o, ou imitando o estilo (pastiche), mas sem ocultar a fonte: não enganam ninguém. O plágio, ao contrário, oculta a fonte e é considerado uma falsificação, podendo ser objeto de sanção criminal.[118]

É a esse jogo de substituição de qualidade que corresponde o que se considera ser as imposturas científicas. Em seu livro, *La Petite histoire des grandes impostures scientifiques*, o jornalista Gilles Harpoutian, especialista na divulgação científica, revê um certo número dessas imposturas. Entre outras, a do físico Jan Hendrik Schön, pesquisador do laboratório de nanotecnologia Bell Labs, que "afirma ter conseguido criar transistores de 'efeito de campo' em pequenas moléculas que normalmente não são condutoras".[119] Foi elogiado pelo meio científico e considerado candidato ao Nobel, até que pesquisadores, procurando verificar os dados, descobriram que Schön havia "manipulado seus resultados" e apagado qualquer possibilidade de reproduzir suas experiências.

Esse jogo de substituição de papéis e de qualidades pode chegar a criar a "síndrome do impostor", como atestam dezenas de brilhantes jovens graduados, que têm a impressão de não estarem em seus lugares apesar de seus "sucessos objetivos", de não terem legitimidade, de participarem de um jogo e do medo de serem "desmascarados" um dia. Belinda Cannone, em um interessante ensaio intitulado "Le Sentiment d'imposture", relata diversas situações profissionais, afetivas e de namoro que a obrigam a se perguntar: "Sou eu a pessoa indicada para me encontrar nesta posição?".[120]

A SUBSTITUIÇÃO DE CONTRATOS DE COMUNICAÇÃO

Uma das características do *contrato de comunicação*[121] é que ele configura e define a identidade discursiva da instância de produção e da instância de interpretação, em função da questão e do dispositivo de troca.[122] O contrato de comunicação diz ao sujeito falante "Por-que-dizer"* e ao sujeito interpretante "Por-que-compreender". É o contrato

---

* N.T.: Os hífens foram empregados pelo autor nas palavras em francês, razão pela qual mantivemos na tradução.

que define o gênero discursivo: o político, o publicitário, o administrativo, o midiático, o científico, o conversacional etc.

Uma campanha publicitária da Benetton a esse respeito é um perfeito exemplo de impostura. Ela expõe uma série de pôsteres, mostrando três crianças de cores diferentes, lado a lado, rindo com a língua de fora; um bebê negro e um bebê branco de frente um para o outro; as mãos de um negro e de um branco acorrentadas uma na outra; pais curvados sobre o filho morto na Guerra da Bósnia; um braço em *close up* com a tatuagem do HIV. Essa propaganda foi apresentada como se fosse uma campanha humanitária, embora seja uma publicidade para venda de roupas. Assim, a Benetton engana o público: ela passa o "contrato de publicidade" de um produto comercial na forma de um "contrato de promoção humanitária",[123] denunciando o racismo, as guerras civis, a aids. Ao fazer isso, mascara a identidade comercial do locutor-pessoa, fazendo-se passar por benfeitora da sociedade. Há impostura sobre a legitimidade de fala e o lugar do sujeito falante.

O humorista Dieudonné procede da mesma maneira. No início, ele exerceu seu humor no contrato de "espetáculo humorístico". Ele zombava de judeus, árabes, negros. Depois, em sua obsessão em denunciar a Shoah, como tendo ocultado a escravização dos negros, ele trouxe ao palco o negacionista Faurisson e, posteriormente, lançou, sempre em cena, a moda do "croquete". Ele transforma, assim, a cena humorística em uma cena política, ou seja, substitui um contrato por outro, suas palavras não tendo mais a mesma significação. Além disso, ele espalha, fora do palco, em programas de televisão e por meio de seu blog, críticas ao *lobby* judaico, o que faz predominar o contrato político sobre o contrato humorístico, e coloca suas palavras como alvo de acusações de difamação e negacionismo. Ele trapaceia no contrato de comunicação. Trata-se realmente de uma impostura.

O IMPOSTOR PRESO EM SUA PRÓPRIA ARMADILHA

O impostor não tem motivos altruístas. Para ele, não se trata de proteger o outro, mas sim apenas a sua própria pessoa, que ele deve tornar crível e legítima aos olhos dos outros que se tornam alvos de mistificação. Ele deve se empenhar em um trabalho de persuasão e de sedução dos outros para fazer crer que o personagem que ele exibe é uma pessoa autêntica e legítima. Para tanto, ele deve dotar-se de meios para garantir sua visibilidade, como preconiza Michel de Pracontal[123] em uma obra irônica intitulada *L'Imposture scientifique en dix leçons* (*A impostura científica em dez lições*):

> Encontre seu público. [...] Procure uma tribuna. Constitua um público. Dê palestras. Escreva livros. Abra um site. Use a mídia. Escreva para os jornais. Apareça na televisão.

No entanto, a melhor maneira de o impostor tornar autênticos sua nova identidade, seu novo *status*, seu novo papel é acreditar nele mesmo, acreditar em seu próprio personagem, acreditar que o que ele inventa é verdadeiro e se fundir em um personagem unitário. Esse jogo de fusão entre Eu-pessoa e Eu-personagem leva o impostor a perder sua própria consistência, a morrer para renascer como outro, como sugere Baudrillard: "Seduzir é morrer como realidade e produzir-se como embuste".[124] O impostor entra em uma amnésia voluntária, em uma "ficcionalização do Eu" para se inventar outro. É para ele uma forma de se fazer existir em uma identidade na qual passa a acreditar e assimilar. É por isso que o impostor deve usar estratégias discursivas para apoiar a autenticidade de sua nova imagem como personagem-pessoa.

Para fazer isso, ele constrói uma narrativa, misturando habilmente o inventado com a verdade dos fatos reais. Por conseguinte, ao tomar o lugar de alguém, usa a palavra da testemunha, palavra incontestável porque a testemunha fala do que viu, ouviu, viveu, experimentou. Palavra testemunhal da pessoa que, tendo vivido certos acontecimentos, pode exprimir suas dores, suas angústias ou suas alegrias. A partir de então, entregar-se como testemunha – principalmente quando restam poucas testemunhas – é uma espécie de garantia de autenticidade. Esses foram os casos já mencionados dos colaboradores-resistentes e do falso deportado descrito por Javier Cercas em *O impostor*. A esses impostores não faltam relatos e descrições detalhadas dos lugares e eventos que supostamente vivenciaram e coletaram em vários escritos e outros testemunhos. Assim, eles ganham em prestígio, prestígio moral da testemunha pós-incidente, devido ao reconhecimento social por parte daqueles de quem são porta-vozes (outros combatentes da Resistência ou deportados desaparecidos ou mudos) e por parte daqueles que, sofrendo ou deprimidos, tiram força desses relatos de testemunhos fictícios que recebem como modelos de resiliência. Ou então, se não se trata de uma imagem de um sujeito autêntico que precisa ser construída, é a de um sujeito competente que ocupa o seu lugar fazendo valer títulos usurpados, como o falso médico de que falamos, levando as pessoas a acreditar que cumpriram algumas funções que lhes conferem o direito de falar sobre o que sabem: fazem-se passar por especialistas, alegando títulos falsos ou apresentando documentos falsificados.

Nesse jogo de substituição, o impostor se vê enredado em seu próprio *ethos*. O que faz Rousseau dizer que "mentir em benefício próprio é uma impostura".[125]

Estratégias para "fazer crer"

Esconder, mascarar, maquiar, destruir, negar, dissolver, revelar, trapacear, enganar – são muitas as estratégias discursivas a serviço do "fazer crer". Entre as quatro figuras – mentira, denegação, má-fé e impostura –, estamos lidando com um ato discursivo de negatividade em relação à verdade, e há um efeito de impostura sobre o outro. Do ponto de vista do ato de enunciação, o mesmo jogo ocorre entre *sujeito-pessoa* e *sujeito-personagem* do ato de fala. Existem, obviamente, diferenças entre essas figuras, conforme esses atos sejam voluntários, involuntários ou parcialmente voluntários, e segundo a relação com a verdade seja consciente, não consciente ou temporariamente mantida em segredo. Nesse jogo de espelhos e simulacros, pode-se perguntar se o *jogo teatral* e a *escrita ficcional* encontram seu lugar.

O CASO DO JOGO TEATRAL

Seria possível pensar que, no jogo teatral, o ator tem algo de impostor, já que ele também desempenha um papel e toma o lugar de outra pessoa. Mas o ator como pessoa encontra-se, ao mesmo tempo, distante de seu personagem e em fusão com ele. Paradoxo do comediante ou jogo do *Actors Studio*, o ator simula. Não se sabe se ele mesmo se engana, ou talvez se engane durante sua atuação, mas, em todo caso, não engana o público que, embora pense estar, no momento da representação, diante do personagem que está sendo interpretado, é o ator que ele aplaude no final. Não há engano do espectador aqui. O impostor, por outro lado, simula uma pessoa e, ao mesmo tempo, dissimula sua pessoa, amalgamando-as. Assim, ele engana o público. Esse jogo dura enquanto o olhar alheio valida ou credencia sua postura. O impostor só existe porque os outros ignoram, fecham os olhos, calam-se ou entram no jogo. Aqui, nenhum paradoxo do comediante, nenhuma catarse. O ator está em cumplicidade, em união com o espectador; o impostor, em desunião.

O CASO DA ESCRITA FICCIONAL

A escrita ficcional é mentira, má-fé, impostura, nesse jogo de esconde-esconde entre autor e narrador? No romance (ou conto)[126] *O impostor*, já citado, que conta a incrível história de Marco, que, por trinta anos, conseguiu enganar sua família, amigos, mídia e público, o autor, Javier Cercas, começa por expressar uma dúvida sobre sua legitimidade como escritor, já que ele se propõe a contar a história de um impostor. Ele se pergunta se todo escritor não seria um tipo de impostor: "Eu não queria escrever este livro porque estava com medo. Eu sabia disso desde o início, mas não queria reconhecê-lo ou não ousava reconhecê-lo; ou não completamente. O que sei somente agora é que meu medo era justificado". Ele se considerava de má-fé.

Ele se pergunta, também, sobre a questão de saber se essa impostura ou má-fé é constitutiva da criação romanesca, com sua mistura de realidade e ficção. Ele relata as palavras do escritor peruano Mario Vargas Llosa, que afirma que "todos os romances dizem uma verdade por meio de uma mentira – uma verdade moral ou literária por meio de uma mentira factual ou histórica – e que, assim, o romancista é um mentiroso que diz a verdade". E, quando se trata do personagem de Marco, Vargas Llosa considera que ele é um "fabulador genial".[127] Ele lembra que Oscar Wilde, em *A decadência da mentira*, afirmou que mentir, contar coisas que não são verdadeiras, é próprio da arte, e que, para Picasso, "a arte é uma mentira". Cercas se pergunta, então, se os Dom Quixote, Emma Bovary e Don Juan não são histórias de impostor e seus personagens, impostores: Alonso Quijano se desdobra e sonha como Dom Quixote, cavaleiro heroico; Emma Bovary mente para si mesma ao viver uma personagem de um drama; Don Juan engana as mulheres a quem promete casamento para iludi-las.[128]

Mas ele lembra, ao mesmo tempo, que, para Stendhal, "só o romance pode alcançar a verdade",[129] e que os fatos contados em uma ficção não podem ser julgados falsos porque não podem ser verificados. Ao contrário da mentira, a ficção não procura enganar e não engana ninguém, e se Dom Quixote e Madame Bovary dão a ilusão de que os personagens e os acontecimentos existiram, eles não nos enganam quanto à sua realidade, ao mesmo tempo que nos fazem sonhar. A narrativa ficcional suspende a referência à realidade e inventa, e, "ao inventar seu romance, diz Kundera, o romancista descobre um aspecto até então desconhecido e oculto da "natureza humana"; uma invenção romanesca é, portanto, um ato de conhecimento [...]".[130] Ele constrói uma realidade através da atividade da imaginação, a atividade "mimética", diz Ricoeur,[131] que não é uma cópia da realidade, mas uma reconstrução, um deslocamento que "ressignifica".

O insondável do ser humano não poderia ser descrito senão pela imaginação única capaz de alcançar esse insondável. Em *A escritura ou a vida*,[132] Jorge Semprun decide falar sobre sua detenção em Buchenwald. Ele relata a discussão que teve com alguns dos seus companheiros de prisão quando eles voltaram ao local da detenção cerca de quarenta anos depois. Diante desse lugar de um passado trágico e doloroso, a discussão centrou-se em "como contar o que nos aconteceu". Alguns dizem: devemos tentar ser o mais precisos possível. Outros dizem: não, nunca conseguiremos, é preciso fazer ficção, só através da ficção poderemos fazer as pessoas sentirem a verdade do que foi a nossa detenção. Foi também o que fez, de forma humorística, o filme *A vida é bela*, de Roberto Benigni.

Toda obra romanesca se apresenta em uma relação triangular entre autor, narrador e personagem. E o autor, por meio do narrador, propõe um *fingimento* ao leitor-destinatário, aquele que ele constrói em sua história, em um jogo de verdadeiro-simulacro. Uma necessidade, segundo Valéry:

> Uma sociedade sobe da brutalidade até a ordem. Como a barbárie é a era do *fato*, é, portanto, necessário que a era da ordem seja o império das *ficções*, pois não há potência capaz de fundar a ordem apenas na coação de corpos por corpos. É necessário forças fictícias.[133]

É a síndrome do "mentir verdadeiro" que Aragon erigiu como arte romanesca, à qual é necessário, no entanto, dar uma precisão para distingui-la da mentira e da impostura: não há vontade de esconder uma verdade, o mentir verdadeiro romanesco não engana ninguém, não constrói uma imagem usurpada do autor e revela uma verdade humana. A impostura, na vida, engana seu mundo e constrói uma imagem de usurpador. O imaginado não é destinado a enganar, vai até além de seu autor.

* * *

A negação discursiva testemunha tanto a relação que o sujeito mantém com a verdade, o outro, ele mesmo, como, em imagem de espelho, com a interpretação que os outros fazem dela. Esse é o jogo da negatividade – seja explícita ou implícita. Quanto aos seus efeitos e à sua razão moral, podemos considerar que – salvo essas outras figuras que são a "recusa" ou a "renúncia" que podem, em algumas circunstâncias, ser um sinal de virtude – o ato de negação produz um efeito de impostura que conduz o outro a uma via de contraverdade e que, quando este último percebe, rompe a relação de confiança. Entretanto, nem toda negatividade é condenável por si mesma. Tudo depende, mais uma vez, da situação de comunicação e do que está em jogo na interação. Pois dizer a verdade nem sempre é mais virtuoso do que mentir. A verdade pode ser fatal para alguns em certas circunstâncias. Por meio de uma mentira não se salva sua dignidade e a dos outros? "Se fôssemos apenas seres de verdade [...] poderíamos viver da poesia, dos sonhos e da inspiração?",[134] diz Boris Cyrulnik. Enunciar uma verdade ou uma mentira força a levar mais em conta o outro do que a si próprio.

E depois, pode-se perguntar se a negatividade não é o motor para se tomar a palavra. Ela é, sem dúvida, na atividade poética e no humor, como ato de libertação do sujeito falante que, diante dos constrangimentos das normas sociais, convenções, códigos, *doxas*, até mesmo do "fascismo da linguagem" de que fala Roland Barthes, busca quebrar essas algemas para revelar outro mundo, negando aquele que se apresenta como evidência. Mas, de maneira mais geral, não é porque no mundo da linguagem há buracos, lacunas, carências, ausências e, ainda, o contrário, o oposto, o diferente, que os indivíduos tomam a palavra? Não é a negatividade a condição do espírito crítico? Não é a possibilidade da *disputatio*, tal como praticavam a Grécia e a Roma Antigas? Poderia Sócrates ter exercido seu ministério da palavra maiêutica sem negatividade? Como, em todas as coisas humanas, existe uma parte de sombra e de luz.

O DISCURSO MANIPULATÓRIO

"Aprenda que todo adulador vive às custas daquele que o escuta."

Jean de La Fontaine, *O corvo e a raposa*

Estratégias e procedimentos do discurso manipulatório

No dia 7 de setembro de 2009, na France Culture, Pascal Boniface, pesquisador da Iris (Institut de Relations Internationales et Stratégiques), declarava: "Estamos em um mundo onde há abundância de informação, onde a opinião pública internacional é levada cada vez mais em conta e onde, paradoxalmente, há mais e mais possibilidades de manipulá-la".[135]

Uma possibilidade maior de manipular a opinião, sim, mas de que maneira? "Manipulação" é uma noção vaga à qual, muitas vezes, se associam termos como *propaganda, desinformação, fumaça, doutrinação, intoxicação* e até *complô, conjuração, conspiração*. Como diferenciá-los, especialmente quando são usados de forma intercambiável? Outra dificuldade surge ao tentar determinar os casos de manipulação, pois diversos discursos se cruzam no espaço público e não é fácil perceber onde a manipulação está ocorrendo. Por exemplo, sobre a pandemia do coronavírus, entrecruzaram-se os discursos de diversos especialistas e pesquisadores em Epidemiologia, Imunologia, Infectologia, Microbiologia, que nem sempre estavam de acordo; os discursos dos responsáveis pelas políticas públicas de saúde que tentavam mensurar os riscos epidemiológicos em termos probabilísticos; os discursos de diversos meios, jurídicos, econômicos, políticos, portadores dos interesses em jogo em cada um desses círculos; ao que foram acrescentados os comentários de todo tipo que circularam nas redes sociais. Além disso, esses discursos têm sido diversamente construídos pela mídia, com seus efeitos de ampliação e de essencialização dramatizantes.

É sempre um conjunto de discursos – sendo difícil estabelecer uma cronologia na cadeia de causalidades e verificar, a cada momento, a validade – que chega de forma fragmentada e dispersa aos olhos e ouvidos de um público por si mesmo heterogêneo. Os efeitos nas populações são, portanto, diversos. De acordo com o modelo de Yale,[136] a recepção de uma mensagem depende (a) das possibilidades de *exposição* de potenciais receptores das mensagens; (b) do exercício *de atenção* dos receptores, o que depende das categorias de populações e das circunstâncias em que as mensagens ocorrem (crises, interesses, ameaças); (c) das faculdades de *compreensão* que correspondem à posição que o grupo ocupa no mundo do saber; (d) dos movimentos de *aceitação* ou de *rejeição* que não estão necessariamente ligados à compreensão das mensagens, mas sim ao estado emocional do grupo; (e) finalmente, dos fatores de *resistência* à mudança que impedem ou permitem a transformação e evolução dos comportamentos.

Se definirmos a manipulação verbal como o ato que visa a levar o outro a fazer, dizer ou pensar o que o sujeito falante gostaria que ele fizesse, dissesse ou pensasse, voltamos, como já dissemos na introdução, a todo ato de persuasão. É, portanto, em um sentido restrito que precisamos definir manipulação para entender sua especificidade.

Além do objetivo de incitar as pessoas a fazer, dizer, pensar, o discurso manipulatório é caracterizado por uma *maquilagem* intencional e um *efeito de impostura*, o que não acontece com todo ato de persuasão: o manipulador não revela sua intenção; ele a disfarça com um discurso diferente daquele de seu pensamento, enquanto dá indícios, até promessas, de sinceridade; esse discurso de aparências se apresenta como favorável ou desfavorável ao destinatário, de modo a incitá-lo a agir no sentido desejado pelo manipulador. Isso resulta em um efeito de impostura, uma vez que o receptor ignora a intenção do manipulador e se deixa enganar pelo simulacro de sua enunciação.

Para atingir seus objetivos, o manipulador recorre a diversas estratégias discursivas. Ele utiliza, para tal, as diferentes figuras de negação que acabamos de descrever, excluindo-se a denegação, dado que vimos que nela o sujeito ignora o que nega.

Como o manipulador não tem poder coercitivo e só pode incitar a fazer, dizer ou pensar, ele se dedica a se dotar de alguns papéis. Por exemplo, o papel de *conselheiro*, que parece contentar-se em *sugerir* o que conviria fazer sem parecer impor nada: "Eu te digo isso, *mas você é livre*".[137] O papel de conselheiro será ainda mais estimulante se a pessoa que dá o conselho gozar de crédito ou de alguma autoridade de saber. Mais forte que o papel de conselheiro é o de *guia*, para o qual é preciso ser dotado de carisma: o carisma do líder político que, conforme o caso, pode ir até o populista que galvaniza as multidões (Perón, na América Latina; Hitler, na Alemanha); o carisma do profeta, profeta do paraíso ou profeta da desgraça, que mistifica os crentes e os aliena pela força da doutrinação, sem que eles tenham consciência. Ainda mais perverso é o papel de *animador* (ou supervisor) de um grupo de trabalho ou de discussão que se apresenta como o que ajuda o grupo a compreender os desafios da reunião, a esclarecer as expectativas das instruções de trabalho ou de discussão, a responder às perguntas de todos, enquanto a organização do debate selecionou previamente "os participantes, as questões a serem abordadas, bem como a forma como elas serão tratadas e cujo resultado será analisado".[138] François Gemenne, autor principal do Grupo Intergovernamental de Especialistas sobre a Evolução do Clima (GIEC), surpreso com o consenso dos "150 da Convenção Cidadã do Clima", pensa que "a deliberação coletiva moldada e formulada pelos especialistas deu origem a um consenso que, obviamente, não existe na sociedade francesa".[139]

Dentre os procedimentos discursivos mais utilizados, o manipulador pode recorrer ao *exagero* e à *generalização*, pois sabemos, pelos estudos da Psicologia Social, que quanto mais uma sugestão, acusação ou descrição de um estado de frustração são apresentadas de forma exagerada, com um ar de confiança, mais o público tende a aderir a ela, de acordo com a fórmula coloquial: "Quanto maior, mais aceitável". Quanto à generalização, ela permite que as pessoas acreditem que "Todo mundo sabe que", meio de fazer as pessoas aderirem a uma *vox populi* suscetível de assegurá-las. O *amálgama* também é um procedimento que consiste em fazer aproximações entre fatos, causas, consequências, de conectá-los e de dar a ilusão de uma explicação global. Simples coincidências ou correlações são transformadas em relações de causa e efeito em virtude do velho ditado latino *post hoc, ergo propter hoc* ("depois disso, portanto, por causa disso"): o crescimento da imigração faz aumentar o desemprego, as violências e, por conseguinte, a insegurança; a justiça negligente é a causa do aumento da delinquência; a violência policial é a causa da violência juvenil; o vírus se espalha pela poluição do ar.[140] Ocorre, então, uma amplificação na mente das pessoas que, segundo os atores em questão, mantém medo, xenofobia, ódio do outro. O *humor* também pode ser um recurso, uma forma de estabelecer uma conivência com o interlocutor ou com o público, a fim de atrair sua simpatia e torná-lo cúmplice.

A manipulação verbal tem por base estratégias de incitação *positiva*, para criar confiança, amizade, estima, afeição, como maneira de atrair a adesão das populações, ou provocação *negativa*, praticando a denúncia, a acusação, a desconfiança, a estigmatização e o ódio contra o inimigo, para provocar movimentos de protesto, reivindicação, revolta. Essas estratégias estão presentes em três atitudes manipulatórias que dependem da posição do sujeito manipulador: (a) a primeira corresponde a uma atitude voluntária, com efeito de sugestão e consentimento; (b) a segunda tem uma atitude igualmente voluntária, mas com efeito de impostura, até mesmo de mistificação; (c) o terceiro, uma atitude involuntária, pois qualquer manipulação verbal não é, como veremos, necessariamente intencional.

A manipulação voluntária com efeito de "consentimento"

A intenção é fazer o público agir em uma determinada direção ou suscitar um determinado comportamento. Mesmo não estando em posição de obrigar a agir, a instância de fala não se esconde; ela procede por meio dos discursos de sedução ou de dever moral.

PELA SEDUÇÃO PARA FAZER SONHAR: O "DISCURSO PUBLICITÁRIO"

O contrato ou a promessa do discurso publicitário é um contrato ou uma promessa de benefício ou de felicidade individual. Por um lado, a instância publicitária tira sua legitimidade de seu posicionamento em uma economia de mercado que lhe dá a possibilidade de elogiar as qualidades de um produto. De outro, um consumidor suscetível de se interessar por esse bem de consumo. Mas esse bem de consumo está em concorrência com outras marcas, de modo que o discurso publicitário é levado a elogiar determinada marca, mostrando a superioridade no benefício que ela produz. O discurso é, ao mesmo tempo, superlativo (o melhor de todos) e sedutor quanto à idealidade do benefício. O enunciador parece um *benfeitor*. Ele realiza uma representação do produto de tal forma que faça o consumidor sonhar, como se estivesse perseguindo uma "busca pelo impossível" que só o produto desta marca permitiria alcançar. Assim é a publicidade de um creme antirrugas que promete proporcionar em uma noite a "eterna juventude", a de tal perfume que promete "beleza ideal" e independência da mulher, de tal colônia que promete virilidade e sedução ao homem.

O consumidor acredita nisso? Ele não pode ignorar que o que lhe é oferecido é um sonho impossível, enquanto imagina que esse sonho poderia ser realizado: "E se for verdade?". Também podemos dizer que o contrato que propõe o discurso publicitário – que, muitas vezes, é dado como o paradigma da manipulação das mentes para fins comerciais – é um contrato *semi-ingênuo* entre um enunciador que joga com a sedução e um receptor que já não é mais considerado um consumidor, mas uma pessoa que tem desejos e "consente" em entrar neste jogo. Seu "dever acreditar" é de conivência e de prazer de ver e ouvir o que ele deseja ver e ouvir:

> A participação do enganado é, como na sedução, talvez sempre semiconsciente, em parte baseada na vontade de ter sido enganado. É o que não escapa à delicadeza de Marquesa de Merteuil quando escreve a Cécile: "Pois bem! Pequena, eis-nos, portanto, muito zangadas, muito envergonhadas, e este senhor de Valmont é um homem mau, não é? Como! [...] Ele te ensina o que você estava morrendo de vontade de saber!".[141]

Evidentemente, essa manipulação pela sedução constitui uma armadilha: a armadilha por consentimento de adesão irrestrita a "todo consumo" através do fenômeno da moda: modo de vestir, modo culinário, modo tecnológico, modos em que se misturam desordenadamente produtos úteis e inúteis, benéficos e nocivos, e isso em benefício dos grupos industriais que têm o poder de financiar grandes campanhas publicitárias. De acordo com um estudo de Santé Publique France (SPF),* de 2018, as publicidades que promovem produtos alimentícios com Nutri-Score D e E, os mais ricos em gordura, açúcar e sal, são vistos por 53,3% das crianças, 52,5% dos adolescentes e 50,8% de adultos, enquanto a população com sobrepeso e obesa está em ascensão.

O desejo das aparências e o direito ao prazer tornam os indivíduos cúmplices, ao se deixarem levar por esses discursos de sedução. A publicidade age conforme o princípio que Roland Barthes chama de "a vacina".[142] Ele o aplica ao discurso mítico – que, aliás, não é estranho ao discurso publicitário –, mas podemos usá-lo aqui, pois evoca claramente

---
* N.T.: Trata-se da agência nacional de saúde pública francesa.

o processo de inoculação nas mentes e no imaginário coletivo de um desejo de compra sob a aparência de sonho de uma condição de vida ideal com a qual o indivíduo é chamado a se identificar.

O discurso de sedução é, de fato, uma armadilha na medida em que sedutor (ou sedutora) e seduzido (ou seduzida) são apanhados em um jogo de reflexos de imagens recíprocas e diferenciadas que funciona não como referência ao que são, mas como *armadilha*.[143] Saber-se seduzido é sedutor, assim como é sedutor saber que se seduziu: "[...] a estratégia do sedutor não é outra senão a do espelho, por isso ele no fundo não engana ninguém – e também por isso ele nunca se engana [...]".[144] Nisso, a publicidade corresponde bem a um contrato de *semiengano*, ou seja, uma manipulação com efeito de consentimento ainda mais pernicioso.

POR DEVER MORAL PARA FAZER AGIR: O "DISCURSO PROMOCIONAL"

O contrato do discurso promocional é um contrato moral de benefício coletivo no qual a instância de produção obtém sua legitimidade de sua posição de saber perito e de uma postura de responsabilidade moral. Não se trata mais de se situar em concorrência com outros produtos no mercado de bens de consumo, nem de promover uma marca, mas de prevenir certas calamidades (propagação de uma doença), de dissuadir populações de agir de determinada maneira (deixar de fumar, distanciamento social), de encorajá-los a adotar certos comportamentos (uso de preservativo, uso de máscara). O discurso promocional, característico das campanhas humanitárias, não se dirige a um consumidor, mas a um indivíduo cidadão, atribuindo-lhe um dever-ser solidário em nome de um valor universal: para ajudar na pesquisa médica, para ajudar na educação de crianças com deficiência, para salvar vidas humanas; contra a fome no mundo, contra o trabalho infantil. E, combinando os prós e os contras, o positivo e o negativo: as campanhas antiálcool ou antitabaco visam a moderar o consumo para preservar a saúde das pessoas, mas chamam atenção para os estragos do alcoolismo e do tabagismo; as campanhas para uso do preservativo visam a lutar contra a aids, mas insistem no risco de contrair a doença; as campanhas na luta contra a propagação de um vírus incitam a adotar medidas de proteção (máscaras, distanciamento social, confinamento), ao mesmo tempo que sugerem que não se submeter a elas aumentaria a epidemia.

Nas campanhas promocionais, o discurso não tem por objeto uma busca individual de prazer ou satisfação, mas sim uma infelicidade ou uma ameaça de infelicidade, em relação a determinados comportamentos coletivos, utilizando argumentos racionais e emocionais, o que significa que o indivíduo destinatário não pode deixar de não se sentir tocado: ele não pode se fazer de inocente. Deve sentir-se obrigado a reconhecer que seu estado, ou o dos outros, representa um perigo social e que deve se impor para aceitar uma busca indesejada:[145] "Se você não acredita nisso, existe um risco; se você acredita, há um benefício coletivo". Não há escapatória possível para ele, ele não pode se contentar em ser o que é, ele está engajado em uma *ética de responsabilidade*.[146] O contrato do discurso promocional é de *engajamento moral* para um benefício coletivo.

A manipulação voluntária com efeito de "mistificação": a propaganda

Aqui, ao contrário do caso anterior, o manipulador deve agir de modo que o receptor não suspeite que ele está tentando enganá-lo. Ele deve, portanto, dotar-se dos meios discursivos para parecer crível e convincente, jogando com simulacros e efeitos emocionais com a utilização de grandes encenações.

A PROPAGANDA TÁTICA

A propaganda tática consiste em lançar, intencionalmente, uma falsa informação ou em denunciar como falsa uma informação que circula na sociedade, para que a opinião pública julgue os acontecimentos de determinada maneira ou aja em determinada direção. Este estilo de propaganda é chamado de tático porque é usado de forma pontual, sobre eventos factuais, para obter um resultado imediato.

A propaganda política é o exemplo mais emblemático desse jogo de simulacro. Ela visa a impor uma "verdade" – que é uma *falsa verdade* – a uma grande parte da opinião pública: trata-se de impressionar as multidões. Para isso, é preciso que a instância propagandista tenha alguma credibilidade e disponha de meios de comunicação importantes que evidenciem sua potência demonstrativa: espetacularização de grandes multidões para atingir a emoção; dispositivos de inculcação para inocular a mensagem por meio da repetição; uso de diversas redes para espalhar da maneira mais ampla possível a aparência de verdade.

Ela pode visar a tranquilizar a opinião pública diante de uma ameaça ou um perigo potencial, como foi o caso durante a ocupação da França pelos alemães, tendo as autoridades do governo de Vichy difundido entre a população francesa a ideia de que o ocupante estava "correto", para que ela o acolhesse sem prevenção hostil. Por outro lado, a propaganda pode visar a desmoralizar parte da população, de forma a dissuadi-la de persistir em sua opinião ou agir como vem agindo. É o caso da propaganda feita pelos alemães durante a Primeira Guerra Mundial, junto às tropas inimigas, tendendo a fazê-las acreditar que seu Estado-Maior capitulara a fim de fazer cessar o combate.

Esse tipo de propaganda foi frequentemente implementado pelos Estados para justificar antecipadamente uma decisão política e para preparar a opinião pública para ela. Foi o caso do governo de G. W. Bush quando, em 14 de fevereiro de 2003, por meio de Colin Powell, Secretário do Departamento de Estado Americano, acusou de mentirosas as declarações de Saddam Hussein, que afirmava não possuir armas de destruição em massa, e depois alegou dispor das provas de sua existência, a fim de tornar a opinião pública americana e internacional favorável a uma intervenção armada no Iraque. Durante a Guerra da Chechênia, de 1999, os russos espalharam rumores sobre a existência de uma rede terrorista instalada no Daguestão, causando atentados espetaculares que eles atribuíram ao adversário para justificar uma cruzada contra o terrorismo. Foi assim também que, no passado, após os Acordos de Yalta, houve uma guerra de influência entre os Estados soviético e chinês, que defendiam a Coreia do Norte, e os Estados Unidos, que defendiam a Coreia do Sul. Ainda na época da primeira guerra no Afeganistão, um jornal indiano publicou um artigo explicando que o vírus da aids havia sido produzido por laboratórios americanos para eliminar a raça negra, informação retomada pelo *Pravda*.[147] Mais recentemente, durante a pandemia do coronavírus, os Estados Unidos foram acusados por alguns países de serem a fonte ("A CIA criou o coronavírus"), e o mesmo aconteceu com a China.[148] E, depois, é claro, houve o caso das campanhas eleitorais, como veremos,[149] quando se tratou de desacreditar o adversário, acusando-o das piores ignomínias.

Esse tipo de propaganda também é utilizado no campo dos negócios e do comércio, com o auxílio do que se denomina "marketing comercial" ou "*lobbying*", onde se vê grandes *lobbies* comerciais influenciar as políticas, a opinião ou o comportamento dos consumidores. Na década de 1970, os grandes fabricantes de tabaco denunciaram como falsas as campanhas das autoridades sanitárias que estabeleceram uma relação de causa e efeito entre o tabaco e o câncer. Mais recentemente, um grupo de toxicologistas usou sua influência junto à Comissão Europeia para incitá-la a não proibir os desreguladores endócrinos. "*Eminentes* especialistas [...] declaram, em nome de sua honra, não terem nenhum conflito de interesses, [embora] a metade deles tenha, no entanto, colaborado com as atividades industriais da química"[150] e publiquem em revistas científicas para demonstrar que os desreguladores endócrinos sintéticos não são mais perigosos do que os naturais.

Guerras de propaganda se desenvolvem dessa maneira. Aqueles que tentam promover um produto por meio de campanhas de informação são denunciados por falsa propaganda, por organismos de defesa dos consumidores ou organizações não governamentais que lutam contra a nocividade desses produtos, e os que são agredidos voltam-se contra os denunciantes, acusando-os de contrapropaganda desonesta. É assim com as guerras sanitárias: os Médicos do Mundo lançam uma campanha denunciando os preços exorbitantes da indústria farmacêutica: "Além do imobiliário e do petrolífero, qual é um dos mercados mais lucrativos? A doença"; ou "O câncer de mama, quanto mais avançado, mais lucrativo". "Falsa propaganda", retruca a Leem ("As empresas do medicamento").* Guerras sanitárias, por trás das quais é travada uma guerra econômica triangular entre os Estados Unidos, a China e a União Europeia.

Uma forma tranquila de fazer com que os outros aceitem seu destino consiste em envolvê-los em um discurso que os valorize enquanto estão em posição de submissão. Essa é uma das características do discurso gerencial: para fazer com que os funcionários de uma empresa cumpram as condições de trabalho que lhes são impostas, são descritos para eles os benefícios de sua situação. Assim, o trabalhador pode acreditar que é "dono do seu próprio destino": ele pensa que foi "contratado" por suas qualidades, quando, na realidade, está "inserido" em uma organização que vai além dele; ele acredita que trabalha "para" a empresa, enquanto trabalha "na" e "com"; ele acredita que é "solicitado" quando se considera que ele deve estar "disponível". "A realidade desse trabalho aparece de forma indireta pela negação do que ele realmente é."[151]

---

* N.T.: Em francês Leem é o acrônimo de "Les entreprises du médicament".

Uma maneira de lisonjear, negando as restrições de uma situação, para que sejam aceitas, e neutralizando de antemão resistências possíveis. O discurso gerencial moderno se esforça para valorizar o assalariado, fazendo-o acreditar que ele participa de uma empresa coletiva que o leva em consideração, enquanto, subjacente, outro discurso circula entre diretores e gestores de recursos humanos (DRH) preconizando a eficácia correspondente a uma ideologia utilitarista que descaracteriza a ação humana. O trabalhador é mistificado.

Estamos lidando aqui com o discurso da manipulação. Manipulação das mentes, brincando com um simulacro que pretende ser racional e pretende servir a um benefício coletivo, tranquilizar, desmoralizar ou dar esperança a uma população, com o objetivo de defender os interesses particulares daqueles que o promovem, utilizando a estratégia do "desvio" como, por exemplo, a fabricante de calçados e roupas Nike, que elogia as façanhas esportivas relacionadas à marca para fazer esquecer a exploração de crianças nas fábricas dos seus subcontratantes da Índia e do sudeste asiático que fazem seus produtos. Nisso, a propaganda tática é diferente do discurso publicitário, embora, com frequência, sejam assimilados; este último não precisa se mostrar em uma posição de saber, de poder ou de autoridade porque joga com o desejo dos consumidores em um contrato de semiengano. A propaganda também é diferente do discurso promocional, visto que a autoridade do saber deste último é, ao mesmo tempo, técnica e moral, e está a serviço do interesse geral, sem impostura.

A PROPAGANDA PROFÉTICA

A propaganda profética busca fazer seu alvo aderir a um projeto que se apresenta como a derradeira busca da humanidade. Para isso, invoca uma palavra de revelação que, de alguma forma, promete a "salvação na outra vida", um paraíso; ela promete, ao mesmo tempo, "o apocalipse" para quem não seguir seus preceitos. Discurso de encantamento mais ou menos mágico que participa, ao mesmo tempo, de uma ordem moral (dever fazer ou não fazer), de um sonho (busca de idealidade) e da fé (abandono de si). A instância propagandista deve ter o *status* de representante simbólico autorizado como portador desta palavra, como é o caso dos profetas ou dos cultos da personalidade: Stalin foi apelidado de "O pai dos povos". Além disso, a instância propagandista deve dispor de meios de comunicação potentes para difundir seu discurso: as grandes narrativas míticas em presença de multidões na tradição oral e, na modernidade, o cinema (filmes de propaganda dos regimes totalitários), os espetáculos de multidões da propaganda nazista, de modo que as populações sejam designadas para reconhecer o desejo do absoluto oferecido pelo anúncio profético. Isso é característico dos proselitismos, religiosos ou não, que se dedicam à manipulação das mentes pela promessa, sob diversas formas, da salvação eterna.

Trata-se do proselitismo religioso dos missionários durante as conquistas e colonizações, da Igreja contra a ciência da qual Galileu foi uma das vítimas, e de diversos grupos islâmicos e evangélicos. Durante a pandemia do coronavírus, pastores, imãs e rabinos declararam: "Esperamos que o Messias chegue antes da Páscoa. Tenho certeza de que ele virá para nos salvar como Deus nos salvou durante o Êxodo do Egito";[152] "O vírus é uma tática de Satanás para semear o terror"; "Renunciar ao estudo da Torá é mais perigoso para os judeus do que pegar o coronavírus". E outras afirmações retomadas por seus seguidores: "Só Deus salvará o país"; "Deus quer que acreditemos nele e não na medicina"; "Podemos fazer o corona desaparecer, purificando-nos pela oração e por nossa fé"; "O Messias está chegando!".[153]

Mas é também o proselitismo ateu de regimes totalitários prometendo o advento de um "novo homem" (uma expressão comum ao stalinismo e ao nazismo). Todos os discursos oficiais ajudam a arregimentar comportamentos para o bem da humanidade contra o mal representado por outros modelos de sociedade. Sob Stalin, foi propagada uma teoria genética (a "genética michuriana") inventada por Lysenko, que se tornou a teoria oficial para se opor à genética ocidental chamada de "ciência burguesa".[154] Assim, também, partiu dos Estados Unidos o proselitismo dos "criacionistas" que se opõem às teorias darwinianas e daqueles que se dedicam a estabelecer uma hierarquia entre as raças para justificar sua dominação ou sua eliminação.

Encontramo-nos aqui, no caso talvez extremo, da manipulação das mentes que é o do discurso da doutrinação (verdade doutrinal), cujo contrato é a adesão cega a uma palavra sagrada, isto é, o apelo à despossessão de si mesmo. O discurso da propaganda profética visa "à inclusão de todos dentro de um sistema no qual cada um devia ser localizado, vigiado, observado noite e dia, no qual cada um devia ser acorrentado à sua própria identidade".[155] É o sistema de vigilância panóptico imaginado por Jeremy Bentham (1748-1832) que tanto fascina nossas sociedades modernas. E é também característica dos regimes totalitários que, para seu bom funcionamento, precisam do pleno e total acordo do povo e fazem circular um discurso de contraverdades sob o pretexto de idealidade social. "A espiral da submissão voluntária"[156] então se estabelece, como um jogo de espelhos em que a consciência coletiva contempla sua própria identidade.

A manipulação voluntária com efeito de "impostura": a mentira na política

Em seu artigo " Du mensonge en politique: réflexions sur les documents du Pentagone", Hannah Arendt constata que "a veracidade nunca foi uma das virtudes políticas, e a mentira sempre foi considerada um meio perfeitamente justificado nos assuntos políticos".[157]

A vida política é um confronto perpétuo entre forças antagônicas, às vezes, uma guerra real (especialmente em um período eleitoral, quando parece que todas as jogadas são permitidas) em que é necessário dar provas de que se é astuto. Não só o discurso político é dirigido a um público e, portanto, está sujeito às mesmas condições de qualquer discurso público, mas, além disso, é preciso atingir o maior número possível de um auditório heterogêneo. Sem falar na importância que a mídia assumiu, fazendo o jogo com supostas informações ou informações exageradamente dramáticas que obriga o homem público a prever o uso deformado de suas declarações e a produzir frases que sejam interpretáveis de diversas maneiras. Entre a instância política e a instância cidadã circula uma palavra que produz efeitos de espelho distorcidos. Vimos acima a dificuldade para o ator político de dizer a verdade em razão das contradições da democracia. É necessário partir do princípio de que no domínio político "nem tudo pode ser dito".

O ator político sabe, portanto, que lhe é impossível dizer tudo, a cada momento, e dizer as coisas exatamente como ele pensa ou vê, pois suas palavras não devem impedir sua ação. A ação política ocorre ao longo do tempo e, no momento em que o político faz promessas ou assume compromissos, ele não sabe quais os meios terá à sua disposição nem quais serão os obstáculos que se oporão às suas ações. Suas declarações, portanto, não devem obliterar o futuro. É necessário, então, usar estratégias discursivas para não perder sua credibilidade. Desse ponto de vista, o político não pode falhar: em todas as circunstâncias, ele deve permanecer confiável.

Poder-se-ia mesmo dizer, com algum cinismo, que o político não tem de dizer a verdade, mas aparentar dizer a verdade, o que defendia Maquiavel, para quem o Príncipe deve ser um "grande simulador e dissimulador". Isso não quer dizer que o político sempre mente, que ele é, por definição, um mentiroso inveterado. Aliás, não se sabe se, quando ele mente, é propositalmente, por denegação ou má-fé. Por exemplo, quando o chefe de Estado declara que seu governo administrou bem a crise sanitária de 2020, não se sabe se ele nega porque está convencido disso ou se está de má-fé, consciente do contrário, mas sem querer confessar isso.

Se algumas profissões têm a missão de lutar por uma certa verdade – a verdade jornalística, científica, jurídica –, o mundo político não poderia exercer sua atividade se não brincasse com ela. Um jornalista, um pesquisador, um jurista seria condenado e desacreditado se falsificasse informações, se distorcesse seus resultados, se não agisse de acordo com a lei. Mas um político, se lhe ocorre dizer a verdade, isto é, dizer o que pensa ou o que vai fazer, encontra múltiplas razões para esconder seus pensamentos ou suas intenções, para o bem do povo, ou mesmo para permanecer no poder. A mentira política pode ser considerada uma garantia de liberdade: "[...] nossa capacidade de mentir [...] faz parte de alguns dados óbvios e demonstráveis que confirmam a existência da liberdade humana".[158] Na verdade, o ator político não é *a priori* inimigo da verdade. Pelo contrário, é necessário que ele a conheça para exercer sua arte de mentir; ele usa estratégias para que as pessoas acreditem que o que ele diz é verdadeiro e que as promessas serão cumpridas.

A ESTRATÉGIA DA "IMPRECISÃO"

A estratégia da "imprecisão" consiste em fazer declarações ou promessas de forma suficientemente geral, vaga, rebuscada e, às vezes, ambígua para não se comprometer demais em realizá-las, para não ser pego no erro de ter intencionalmente mentido. Por exemplo, declarar que não se tocará nos regimes de aposentadorias, mas que será necessário completá-los com um sistema de capitalização, ou que não se adiará a idade da aposentadoria, mas que haverá uma idade base para se beneficiar de uma aposentadoria integral. Por exemplo, se comprometer a não privatizar uma determinada empresa nacional, mas apenas abrir o seu capital, porta para a privatização completa da empresa em questão. Nas respostas às perguntas dos jornalistas, não responder diretamente ou fazer grandes declarações de princípios é uma estratégia bem conhecida para desviar a atenção e esconder o óbvio.

A ESTRATÉGIA DA "NEGAÇÃO"

Como vimos anteriormente, a noção de negação tem duas acepções. Reteremos aqui seu sentido geral: negar é refutar algo que se sabe. Na política, a estratégia da negação consiste em defender uma razão sabidamente falsa para justificar uma ação. Trata-se, portanto, da figura de "má-fé". Isso aconteceu, como vimos, quando G. W. Bush afirmou que o Iraque possuía armas de destruição em massa e com J. M. Aznar, que, durante o ataque à estação Atocha, em 11 de março de 2004, poucos dias antes das eleições, acusou o ETA, ignorando a pista da Al-Qaeda, na esperança de tirar proveito eleitoral. Em 1991, Ranulph Fiennes publicou *menos especialistas* sobre o papel do SAS[159] na guerra de Omã, publicação que provocou polêmica e a negação do governo britânico.

Essa estratégia também é utilizada para negar a responsabilidade de um político ou de um de seus colaboradores em um "caso" denunciado pela mídia ou que é objeto de ação judicial. Isso pode ser feito negando a própria acusação, contestando a acusação, o que acarretará que não será necessário apresentar justificativa alguma, ou jogando com a impossibilidade de fornecer prova do envolvimento das pessoas. Um presidente da República, acusado de envolvimento em um processo de contratos públicos, declara: "Se [o caso] for comprovado, direi francamente uma coisa: não posso acreditar nisso! Que tenha havido acordos com uma empresa aqui, uma empresa ali, é bem provável [...]. Mas que tenha havido um sistema em que os partidos políticos da maioria e da oposição se juntaram para dividir não sei qual bolo, [...] sinceramente, não acredito muito nisso". Ou o questionamento pode ser negado, apelando-se para a honorabilidade da pessoa: "Quando se alega que fui ao escritório de um dos meus colaboradores para assistir à entrega de uma mala de dinheiro por alguém com quem nunca tive relações pessoais, num primeiro momento, estou espantado e, em segundo lugar, estou profundamente entristecido".[160] Ou pode, ainda, ser negado, transformando os acusadores em perseguidores e o próprio acusado em perseguido, em vítima, o que o isenta de qualquer justificativa. Mencionamos nesse contexto o caso de Jérôme Cahuzac, que negou por muito tempo ter contas na Suíça e na Ásia antes de o reconhecer. Finalmente, a negação pode ser coletiva, como quando durante a primeira Guerra do Golfo e na do Kosovo as potências ocidentais tentaram mascarar os efeitos negativos dos bombardeios falando em "guerra limpa".

A ESTRATÉGIA DO "SIGILO"

"O segredo", escreve Hannah Arendt, "a impostura, a falsificação deliberada e a mentira pura e simples, empregadas como meios legítimos para alcançar objetivos políticos, fazem parte da história desde o início".[161] A estratégia do sigilo consiste em abster-se de dizer, de fazer declarações públicas, subtraindo algumas informações. Uma ausência de palavra que se chama "mentira por omissão": entregam-se armas a um país em guerra, põe-se sob escuta um ministério ou o partido de oposição,[162] faz-se afundar o barco de uma associação ecológica,[163] mas não se diz nem se anuncia nada. Mantém-se a ação em segredo. Estamos lidando aqui com uma estratégia que especula que anunciar o que foi alcançado seria prejudicial para a ação política. E depois, porque, como diz Tocqueville, algumas questões devem ser subtraídas do conhecimento das pessoas que "sentem muito mais do que raciocinam".[164]

É o caso da ação política em nome da *razão de Estado*. Razão suprema, erigida como princípio de verdade, que justifica que uma ação não seja desvelada "para o bem da República", teria dito Platão. Trata-se de defender, ao mesmo tempo, a identidade de um povo, sua integridade, sua grandeza e seu território (suas fronteiras), graças aos quais este último poderá reforçar sua identidade de povo-nação. Na França, por exemplo, é em nome dessa razão que De Gaulle fez crer, por meio de suas declarações, que todo o povo francês tinha se levantado coletivamente contra a ocupação alemã. Foi isso também que motivou o seu "Eu entendo vocês", lançado aos franceses radicados na Argélia.

O sigilo pode ser justificado "em nome da lei". Trata-se de lembrar que as instituições são fiadoras da vida em sociedade, que existem com o consentimento dos cidadãos[165] e que, ao respeitá-las, os membros da coletividade respeitam a consciência social de povo pertencente a uma mesma entidade cidadã. Ao se referir a ela, o ator político pode invocar a legalidade de sua ação. Um ministro das Finanças francês, suspeito por um jornal de estar "em contradição" com a Comissão do Segredo da Defesa sobre a investigação das comissões da empresa Elf, justificou-se da seguinte forma:

> Ao contrário do que seu título indica, não há contradição entre minha posição e a da Comissão Consultiva do Segredo da Defesa Nacional. Como já tive oportunidade de indicar em diversas ocasiões, *aplico estritamente a lei de 18 de julho de 1998,* que prevê que, quando interposto pelo juiz com pedido de levantamento do segredo de defesa, o ministro informa a Comissão para coletar sua opinião.[166]

A afirmação do sigilo em nome da lei – que por vezes se confunde com o Estado – é inevitável, pois se a ação que a invoca tiver resultados negativos, é a lei que é responsável: seria preciso alterá-la e não julgar aquele que a aplica. Essa é uma das armadilhas do legalismo quando não são discutidas as modalidades de aplicação da lei. Se o sigilo não é mantido em nome da lei, ele pode ser mantido em nome da defesa militar: manter em sigilo as pesquisas ou descobertas científicas para evitar a apropriação dessas inovações por outros países, como nas publicações sobre a cisão do átomo, prelúdio para a fabricação de bombas nucleares. Mas a estratégia de sigilo não é usada apenas por líderes políticos. É também utilizada por grupos militantes que, para justificar a luta política, mantêm em segredo algumas explicações ou projetos, sempre que se trate de "não desesperar Billancourt", como teria declarado Sartre em maio de 1968.[167] É a "razão militante" como arma de combate. Consideremos que o sigilo em nome do realismo pode beirar o cinismo.

Em todos esses casos, o sigilo encontra uma justificativa, às vezes até contra a opinião pública ou a vontade dos cidadãos. Recentemente, no entanto, surgiram "denunciantes" que levantam o véu dos segredos e levam a mudar o que era da ordem da razão suprema para o seu questionamento.

A ESTRATÉGIA DA "IGNORÂNCIA"

É possível que, acusado de mentira ou dissimulação, o responsável político alegue o caráter não intencional do ato cometido. Ao declarar "eu não sabia", o acusado alega inocência, o que o exime parcialmente de sua responsabilidade. A ignorância pode estar relacionada aos fatos, sendo esta a linha de defesa de François Mitterrand quando foi questionado sobre seu passado no governo de Vichy, a respeito das deportações. A ignorância pode também contar com um erro de cálculo, a falha em prever um resultado negativo, o contrário do que era esperado. A justificativa para a ignorância se esconde por trás do fato de que houve um deslocamento indesejado dos acontecimentos, um efeito perverso. Mas esse discurso deixa em aberto a questão de saber se a ignorância é real ou fingida, se é sustentável ou não, e se remove toda a responsabilidade. Grande parte dos debates durante o caso do "sangue contaminado" centrou-se nesta questão.

Em algumas circunstâncias, os responsáveis políticos podem ser levados a refugiar-se atrás do discurso de especialistas, único momento em que podem reconhecer seu desconhecimento: o recurso à expertise econômica, no momento de grandes crises financeiras, como a de 2008; o apelo ao conhecimento médico na época de grandes crises de saúde, como a do coronavírus de 2020.

Diante dessas formas de mentira, pode-se perguntar se no campo da política é possível sustentar uma palavra de verdade. Pois aqui nos encontramos na fronteira das duas forças que animam a vida política: a idealidade dos fins e a implementação dos meios para atingi-los. É um problema de ética intelectual, e não de moral, diz o filósofo Pascal Engel, o de saber se se deve considerar essa questão "em termos de deveres e de obrigações, isto é, em termos deônticos, ou se devemos considerar em termos teleológicos".[168] Pois, no primeiro caso, trata-se do "imperativo categórico" da ética de convicção e, no segundo, de considerar as consequências dos próprios atos numa ética de responsabilidade. Contradição do discurso político entre objetivos, meios e fins, que deve manter, permanentemente, a coexistência do que é desejável social e coletivamente, sem o qual não pode haver busca de um bem soberano, com o pragmatismo necessário à gestão do poder, sem o qual não pode haver avanço em direção a essa idealidade. E quando tal responsável político se orgulha de "falar a verdade", isso volta para ele como um bumerangue, como reprovação por não ser claro, como foi o caso de Michel Rocard, ou por ser derrotista, como foi o caso de Lionel Jospin, declarando sobre o fechamento de uma fábrica da Michelin: "não se deve esperar tudo do Estado" (em *France 2*, em 12 de setembro de 1999). Entre "falar a verdade" e "mentir verdadeiramente", o discurso político joga com sua credibilidade.

A manipulação pelo "medo"

O medo,[169] como todas as emoções, resulta de uma mistura de afeto e razão. O sujeito reage de forma pulsional, mobilizando uma rede de crenças da qual está imbuído, um entrelaçamento que o faz considerar diferentes representações, sempre negativas, do objeto que o suscita (epidemia, guerra, criminalidade, desemprego). Relação paradoxal, pelo fato de o medo provocar uma reação defensiva perante esse sentimento e, ao mesmo tempo, um fascínio pelo motivo do medo: duplo movimento de rejeição e atração, como podem experimentar as crianças que pedem que lhes contemos de novo e novamente a história do Ogro que os faz tremer, ao mesmo tempo em que têm prazer nisso.

O medo é um estado de sofrimento devido ao fato de se estar antecipando um perigo, de um acontecimento do qual se será supostamente vítima: vítima física, sentindo dores no corpo, vítima psicológica, mergulhando na infelicidade, vítima da possível perda de seus entes queridos ou de sua própria vida. O medo é mais intenso na medida em que a ameaça não é perfeitamente determinada, quando é movido por uma força desconhecida, deixando pairar a impressão de que está escondida nas sombras, esperando para atacar sua presa. É um inimigo invisível e onipresente ao qual, para se tranquilizar, busca-se dar uma cara. Cria-se, assim, um estado de angústia – a companheira do medo – que alimenta os rumores e as reações de "conspiracionismo", e para enfrentá-la procura-se um culpado que servirá de bode expiatório catártico, pois é o único meio de tornar o inexplicável algo compreensível. Por exemplo, em uma pandemia, nos voltaremos contra as autoridades públicas incapazes de a terem previsto para enfrentar a catástrofe e para proteger os cidadãos, ou contra uma categoria de pessoas que são acusadas de ser a origem dela. Lembremos que durante a peste negra do século XVI foram os judeus os acusados, o que deu origem a *pogroms* em diversos países europeus.[170]

Podemos agrupar os diversos tipos de medo em duas grandes categorias: medos apocalípticos e medos sociais.

OS MEDOS APOCALÍPTICOS: O DISCURSO DO INCONTROLÁVEL

Há temores causados por eventos catastróficos, como terremotos, tsunamis, inundações, furacões, secas, epidemias, diante dos quais os seres humanos se sentem impotentes. Podemos chamá-los de "medos apocalípticos" ou, como Alain Corbin, o historiador das sensibilidades, os qualifica, "os novos medos antropocenos: as atividades humanas que têm um impacto global significativo no ecossistema terrestre".[171] Esses medos, em face da *incerteza*, são alimentados por diferentes imaginários de punição, de fatalidade ou de predição.

A *punição* concebida como o "castigo de Deus", os eventos catastróficos seriam consequência dos maus comportamentos dos seres humanos, punidos conforme toda a justiça: o surgimento de um fenômeno natural em grande escala causando mortes, feridos, doentes e infortúnios (como as dez pragas do Egito, ver Êxodo, 7-12) viria lembrar à humanidade sua condição pecaminosa (o pecado original). Lembraremos da pregação do padre Paneloux em *A peste,* de Albert Camus:

> Meus irmãos, vocês estão em apuros. Meus irmãos, vocês mereceram. [...] A primeira vez que essa praga aparece na história, é para maltratar os inimigos de Deus. O faraó se opõe aos desígnios eternos e a peste o faz cair de joelhos. Desde o início de toda a história, o flagelo de Deus coloca a seus pés os orgulhosos e os cegos. Meditem sobre isso e caiam de joelhos.[172]

Esses são os medos dos quais se diz: "bem merecido". Mas a explicação pelo castigo divino e a perspectiva do apocalipse servem para provocar outra reação, a de confiar na proteção desse mesmo Deus. Por ocasião da pandemia do coronavírus, sites fundamentalistas anunciam um Apocalipse salvador: "O Messias está chegando! Os sinais não faltam. O mundo parou. Desde o Dilúvio, nenhuma praga assolou o mundo inteiro como este vírus". E a culpa é da loucura humana: "Chegamos a uma loucura de liberdade, a uma decadência que não teve equivalente desde o Dilúvio!". Diante dessa loucura, um Deus vingativo punindo pecadores e não crentes. Esses sites convidam você a não confiar no saber e nos benefícios da ciência: "Deus quer que acreditemos nele, e não na medicina"; "Engana-se quem espera que a ciência vá encontrar uma solução", a salvação só pode, portanto, ser encontrada na fé em Deus, na esperança e na oração que purifica: "Podemos fazer desaparecer o corona, purificando-nos pela oração e pela nossa fé"; "Deus nos protege! Se você acredita, saiba que o corona não se aproximará de você. O vírus distingue entre quem tem fé e quem não tem!".[173] E, alargando a perspectiva, quando não é Deus que se vinga, é a Natureza que pune os homens que não a respeitam, conceito que faz desta última, Gaia, uma entidade que faz valer seus direitos, ou Nêmesis, aquela outra deusa da mitologia grega que exerce uma justa vingança.

A *fatalidade* é a versão profana do castigo de Deus. Quando não se é crente, o medo diante desses eventos é outra fantasia: a *fatalidade*. Dessa vez, é a experiência e a observação da repetição inevitável de uma catástrofe natural e contra a qual nada se pode fazer, acreditando que se reproduzirá "fatalmente". Como se a Natureza pensasse por si mesma e decidisse, por seu livre arbítrio, quando ela se manifestaria. Portanto, só podemos nos submeter a ela. Esses são os medos do tipo "vai acontecer, é assim". Mas também há acontecimentos cuja existência conhecemos sem que se possa prever o seu surgimento: a incerteza face aos atos terroristas já ocorridos sem saber quando eles se repetirão; o pânico na bolsa de valores e outras crises financeiras cujo retorno não pode ser previsto; atos de delinquência calculáveis, mas imprevisíveis. A mídia faz uso de bom grado de títulos como: "A França do amanhã, um país mergulhado no medo",[174] "Coletes amarelos: medo sobre a cidade".[175] Estamos imersos na incerteza de uma ameaça de agressão, ou de desgraça, *aleatória*, que intensifica a angústia e o fantasma de uma força oculta que não se pode controlar, suscetível de agir a qualquer momento. São medos sem possibilidade de previsão, que dizem: "Pode acontecer, não se sabe quando nem onde" e "Pode acontecer comigo".

A *predição*, ao contrário, pressupõe que se tenha algum conhecimento dos eventos e que se saiba, por meio de estudos e cálculos, que eles deveriam ocorrer ou se reproduzir de forma cíclica. Sempre há incerteza, mas o fato de conhecermos suas causas – ação humana (energia nuclear,[176] aquecimento global), a tecnologia e seus efeitos desiguais (a digitalização, a robotização), a globalização e as catástrofes financeiras –, seria possível prevê-los, pelo menos com uma certa probabilidade; os eventos seriam, então, *preditivos*. O imaginário desses medos alimenta a ideia de que "Isso não pode não acontecer de novo".

Esses temores são mais ou menos instrumentalizados por partidos políticos, associações militantes ou religiosas, diversos grupos sociais ("colapsologistas") e até especialistas que endossam o papel de profetas do infortúnio ou lançadores de alerta mais ou menos manipuladores: medos de multidão,[177] medos de acontecimentos imprevisíveis, medos de catástrofes, medos do fim do mundo. Patrick Boucheron nos lembra que a expressão "Tenha medo, nós faremos o resto" é o adágio dos governos autoritários, mas poderíamos dizer que é, também, de qualquer grupo social que busca exercer seu controle sobre as populações, pois nessas reações de medo, que são constitutivas da condição humana, pairam o fantasma de uma divindade mágica que "caminha como um leão pelas cidades e bosques", como disse Giono,[178] e que nos leva a sacrificar nossa liberdade pela sobrevivência.

OS MEDOS SOCIAIS: O DISCURSO DA VITIMIZAÇÃO

Existem, também, medos sociais que afetam diretamente o indivíduo em sua pessoa, sua vida e seu comportamento devido às múltiplas relações que ele mantém com os outros. A partir de então, a manipulação do medo é um excelente meio para um manipulador atingir seus objetivos. É assim que o discurso populista procede. É claro que, como todo discurso político, ele busca atrair os favores da opinião pública, destacando a desordem social, estigmatizando suas causas e denunciando os responsáveis. Mas o discurso populista tenta fazê-lo de forma exacerbada: *demoniza* as causas do sofrimento do povo, *sataniza* um inimigo que serve de bode expiatório, *estigmatiza* os responsáveis que se tornam os principais *culpados*. É, portanto, em um discurso de *vitimização* que o populista se engaja, jogando com o tema do medo, em seus diversos aspectos, em particular identitários e de seguridade, que visam a criar frustrações e a orientar a violência que poderia advir contra supostos inimigos e culpados.

Os *medos identitários* lidam essencialmente, e em conjunto, com duas ameaças. A ameaça de *desidentificação* sob a pressão de uma invasão estrangeira. Fazem crer que a chegada em massa de imigrantes provocará uma diluição da identidade nacional e uma perda daquilo que funda a nação francesa, ao misturar etnias e religiões, segundo a teoria da "grande substituição", da grande invasão: "[Os imigrantes] vão nos arruinar, nos invadir, nos oprimir, dormir com nossas esposas e nossos filhos".[179] É o que Dominique Reynié chama de "inquietação xenófoba",[180] uma forma de fabricar bode expiatório. Esse bode expiatório pode ser a Europa que, para alguns líderes,[181] é uma espécie de monstro frio e manipulador que quer se estabelecer como uma potência soberana abstrata: "A União Europeia aniquila nossa história republicana e nos faz pagar em dinheiro vivo!", lança Jean-Luc Mélenchon.[182] E também a ameaça de *declínio social*, devido à globalização econômica que beneficia os mais ricos, enquanto as classes populares e médias perdem poder de compra e partem para viver em zonas periurbanas, onde se misturam com classes ainda mais desfavorecidas, tirando-lhes qualquer esperança de ascensão social. Isso cria um sentimento de frustração e de impotência entre essas populações, que se veem como vítimas de um mundo e de uma política que as abandonam, o que cria ressentimento em relação aos proprietários, às elites, aos políticos e ao Estado: "[A juventude] experimenta hoje os frutos amargos da decadência econômica, social, política e moral, os flagelos do desemprego, o individualismo frenético que conduz ao isolamento e ao desespero".[183] Discurso que carrega a síndrome da "queda".

Os *medos* relativos à segurança referem-se ao sentimento de insegurança provocado pela espetacularização de acontecimentos dramáticos ou pelo anúncio de perigos futuros, devido a atos de delinquência, periferias incendiadas, ciganos que roubam, violência na escola e incivilidades de todos os tipos. Essa situação social vitimizaria o povo e deveria levá-lo a pedir aos poderes públicos demonstração de autoridade, à polícia firmeza, ao poder judiciário severidade: "A demanda de segurança supera a necessidade de pertencer a valores comuns", constata, contrariado, um eleito.[184] Uma pesquisa de 2017 atesta que 65% da população consultada pede mais poder para a polícia,[185] 70% consideram que o sistema de justiça é muito pouco rigoroso e 87% clamam por um verdadeiro líder para restaurar a ordem.

Mencionamos, em relação à verdade, a *verdade-pathos*, do ponto de vista do sujeito que o enuncia (ver página 43). Mas, do ponto de vista do receptor, a verdade-*pathos* é medida por seus efeitos de empatia. O sujeito-alvo está em condições de fundir-se completamente em seu afeto, de reagir apenas em função da irracionalidade quase pulsional de seus sentimentos, de se tornar uno com suas emoções, o que, ao mesmo tempo, obscurece ou paralisa sua razão. O mundo político joga com essa verdade-*pathos*, pois parece que é a forma mais eficaz de atuar sobre as multidões para torná-las uma maioria silenciosa, ou para fazê-las mover-se em manifestações ou reações de revolta. É o caso dos discursos que denominam o inimigo com palavras belicosas ("O Procurado Bin Laden") ou apocalípticas ("O Eixo do Mal").[186]

Assim procede o discurso populista que, ao destacar um povo vitimado, alimenta o ressentimento de uma população desamparada e desesperada por não poder se livrar de seu mal-estar. O populista, então, envolve-se no hábito do profeta, pois os medos precisam de um oráculo para serem afastados, um perfeito exemplo de manipulação *hard* das mentes.

Medos identitários, medos de insegurança e medos apocalípticos transformam indivíduos e grupos em multidões incontroláveis. Jogam com a frustração e a decepção dos indivíduos, insistem em sua posição de vítima, apontando com o dedo os responsáveis por seu estado e promovendo-os a bodes expiatórios. Os sentimentos e as opiniões polarizam-se, amplificam-se e criam movimentos coletivos em um "nós" que se orienta em uma única e mesma direção. Esse "nós" não é um plural no sentido de uma adição de elementos, cada um dos quais conservando sua singularidade. É um "nós-ficção", cuja característica é a fusão de uma palavra-pensamento-emoção, tal como é entendida em: "Somos todos judeus alemães", "Somos Charlie", um "nós" entidade abstrata, fusional.

O magistrado Denis Salas considera que esse imaginário de insegurança "clama por um mundo sem risco e sem perigo, com tolerância zero. [É] um discurso de purificação, uma espécie de resposta instantânea ao eco do sofrimento das vítimas. É um ritual de exorcismo". E ele conclui que "os profissionais do direito são os bodes expiatórios".[187] Esses medos se reúnem dentro do mecanismo de vitimização de que fala René Girard:

> Instintivamente, buscamos um remédio imediato e violento para a violência insuportável. Os homens querem se convencer de que seus males provêm de um único responsável, do qual será fácil se livrar. E, portanto, todos os rancores espalhados em milhares de indivíduos diferentes, todos os ódios divergentes, vão convergir doravante para um único indivíduo, a vítima emissária.[188]

O inimigo se dissimula atrás do fantasma de um ser invisível, sem rosto e sem fim.

A manipulação involuntária com efeito de "inquietação" ou de "suspeita"

Podemos falar de manipulação involuntária quando a instância de produção do discurso se encontra em um contrato que não visa a fazer as pessoas falarem ou agirem. Na verdade, há a propagação de uma informação que, em determinado momento, circula de forma dominante, mas não é com o desejo de mudar comportamentos por interesses próprios. Trata-se dos discursos do *rumor* e da *mídia*.

O RUMOR

O rumor é, de fato, parte de manipulações involuntárias. Isso deve estar claro porque ele é, com frequência, erroneamente considerado manipulador. O rumor tem isso em comum com os mitos e lendas, pois é, como diz Roland Barthes, um discurso: "o mito é uma linguagem", diz ele em *Mitologias*, e mais adiante: "o mito é uma palavra".[189] Os rumores, mitos e lendas vêm do proferimento de uma palavra coletiva que não pode ser determinada, que significa algo indeterminado – "Essa palavra é uma mensagem",[190] diz, ainda, Barthes – que atesta um "uso social". Mas a fonte enunciativa é desconhecida e, portanto, inimputável. Não se pode determinar qual instância falante estaria na origem desse discurso e, portanto, não se pode atribuir a ela qualquer responsabilidade intencional. Existe, no entanto, uma diferença entre o rumor, os mitos e as lendas. É que estes últimos são portadores de uma mensagem subjacente de excepcionalidade do heroísmo, enquanto o rumor está inscrito em uma ameaça das forças do mal.

Essas forças do mal não são conhecidas, e não se saberia identificar o projeto considerado oculto no discurso do rumor: "O rumor é, na maioria das vezes, uma produção social espontânea, sem plano nem estratégia".[191] Daí a proliferação de hipóteses e suposições que chegam a imaginar qual poderia ser o indivíduo ou grupo de pessoas que estaria agindo nas sombras. É assim que se fazem os fantasmas de complô, pois diante de uma ameaça em que o agente é desconhecido é preciso poder construir uma figura expiatória. Lembramos do rumor de maio de 1968 que espalhou o boato de que os tanques estavam às portas de Paris. O rumor não é, portanto, em seu princípio, manipulatório, apesar de seu efeito proliferante, porque se baseia na *incerteza*: incerteza quanto à origem do rumor, incerteza quanto à intenção em que se basearia. A manipulação é o resultado de uma intenção deliberada e sua fonte deve poder ser reconhecida e imputável. Além disso, para que o rumor se espalhe e continue, é preciso que ele afete o que é sentido como vital pelas populações: o poder, a morte, o sexo, o dinheiro, as epidemias, provocando, como acabamos de ver, o medo de insegurança, de punição, de fatalidade. O rumor ergue para a opinião pública um espelho que reflete sua imagem de "corpo social ameaçado".

Conhecemos os grandes rumores do passado. A *besta de Gévaudan*, no século XVIII, um animal mais ou menos lobisomem que assolava a região de Gévaudan, atacando o gado e a população. O boato que corria dizia que o animal havia sido treinado para matar, e que se tratava de um castigo divino. O *rumor de Orleans*, em 1969, de que mulheres jovens foram sequestradas nos vestiários de lojas de roupas administradas por judeus para serem prostituídas no exterior em um tráfico de escravas brancas.[192] Podemos também relatar o *rumor de Nîmes*, que se espalhou por essa cidade após uma violenta tempestade, em 3 de outubro de 1988, cuja população acreditava ter causado centenas de mortes. O jornal *Le Midi Libre* intitulou "Nîmes: Apocalypse" e acusou as autoridades de minimizar o número de vítimas: "as autoridades esconderiam os números reais e fariam de tudo para silenciar as testemunhas".[193] Um professor de Ciências Econômicas e Sociais do colégio de Nîmes decidiu fazer os alunos trabalharem sobre o assunto, e depois, ele mesmo se envolveu nas pesquisas e não encontrou provas: "isso desembocou apenas no vazio". Dez anos mais tarde, observando que a crença em uma mentira oficial permaneceu firmemente ancorada entre seus alunos da época, ele fez uma enquete com mais de 2.000 pessoas: "quase um em cada dois entrevistados indicou não acreditar na versão oficial (20%) ou disse ser cético (28%)".[194] Trinta anos depois, ainda existiam pessoas que acreditavam na mentira das autoridades. E há rumores recorrentes como os dos "ciganos ladrões de crianças", que regularmente provocam ataques contra essas pessoas.[195]

No entanto, é verdade que o rumor pode ser objeto de uma instrumentalização. Se acontecer que a fonte do rumor possa ser determinada, então, ela se torna uma manipulação tática intencional. Um exemplo é dado pelo que se chamou na França de "o caso Dominique Baudis": acusado de ter se envolvido em um caso de prostituição, o ex-prefeito de Toulouse, presidente do Conselho Superior do Audiovisual (CSA), teve de se defender de um rumor cuja fonte se desconhecia, até que foi descoberta na pessoa de um *serial killer*, Patrice Alègre, transformando o rumor em um ato de manipulação judicial. A manipulação é, na verdade, um ato voluntário proveniente de uma instância de discurso que constitui sua fonte, que é determinada e pode ser imputável do ponto de vista da responsabilidade. Se o rumor manipula, é de modo involuntário.

OS MEIOS DE COMUNICAÇÃO

Os meios de comunicação[196] são frequentemente suspeitos, senão de manipular, pelo menos de desinformar. São condenados por seu sensacionalismo e acusados de distorcer o discurso de tal ou tal político, ou, ainda, criticados por sua corrida por furos de reportagem que os levam a dedicar a quase totalidade da informação a um acontecimento dramático suscetível de impressionar o leitor, o ouvinte ou o telespectador (epidemia, epizootia, conflitos armados, catástrofes naturais...), e, finalmente, são acusados de espalhar rumores, como, por exemplo, o da região do rio Somme, que, na ocasião das enchentes de que foi vítima, denuncia Paris como a causa delas.[197] E isso só se notou depois das análises de intelectuais que – desde a violenta denúncia de Pierre Bourdieu sobre a informação televisiva –[198] demonstram os efeitos nefastos da mídia televisiva. Daí a considerar que os meios de comunicação são um instrumento de dominação colocado a serviço da defesa dos interesses dos poderosos e que manipula a opinião de grande número em benefício do bem-estar material de um pequeno número é apenas um passo.

Contudo, as coisas não são tão simples. Do ponto de vista do contrato de comunicação, o discurso midiático não atende, em seu fundamento, à finalidade de incitar a fazer, mas à finalidade de informação, isto é, de transmissão de saber sobre os assuntos da sociedade e do mundo para esclarecer o indivíduo-cidadão. Exceto no caso de órgãos de informação vinculados a aparelhos de Estado, a um partido político ou a um grupo de pressão, não se pode dizer que tenham vontade de enganar os cidadãos: eles se desacreditariam imediatamente. Seu papel é participar do jogo democrático da liberdade de informação e de investigação. É verdade, entretanto, que os meios de comunicação estão sujeitos a uma forte concorrência de uma lógica de mercado e que, para enfrentá-la, é preciso atingir o maior número de leitores, ouvintes ou telespectadores. Eles são, portanto, tentados a veicular, tanto na corrida pelo furo de reportagem quanto no sensacionalismo, o que os leva a dedicar grande parte do seu espaço a um evento dramático capaz de impressionar. Eles devem, portanto, saber selecionar, apresentar e comentar os eventos da forma mais atraente possível. Daí a dificuldade de equilibrar as restrições de uma informação que exigem neutralidade, tecnicidade e prudência, e as restrições comerciais que exigem captar o interesse do maior número de pessoas, o que passa mais pela emoção do que pela razão. Por isso, tem-se a questão de saber se o público ao qual a mídia se dirige é considerado cidadão ou cliente. Enganar o cidadão não está no contrato midiático, mas são os efeitos de uma certa configuração da informação que podem se tornar involuntariamente manipulatório pelo uso de certos procedimentos.

A *superatualização* de eventos pela escolha e a repetição circular (especialmente em noticiários de rádio e televisão de modo contínuo) dos eventos mais dramáticos: movimentos de revolta (subúrbios, Coletes Amarelos), catástrofes sanitárias (epidemias, pandemias), casos de corrupção (Cahuzac, Balkany), que, sem dúvida, são suscetíveis de atrair a atenção do público, mas podem ter o efeito perverso de reduzir as notícias somente a esses eventos gatilhos da ansiedade. Foi o caso da pandemia do coronavírus, com a imprensa, o rádio e a televisão reduzindo as informações a esse único acontecimento, sempre fazendo as mesmas perguntas aos especialistas convidados, e eles respondendo constantemente "Não sabemos".

A *sobredramatização* na forma de relatar e comentar os acontecimentos, como visto em alguns títulos: "A França pedófila", "A França no soro", "A França doente em seus subúrbios", "A França está queimando", "Noites de revoltas em Clichy-sous-Bois".

Durante a pandemia do coronavírus, não havia uma manchete que não provocasse ansiedade: "O grande medo da epidemia", "Ehpad:* autópsia de uma catástrofe anunciada", "Nova fase de uma crise que deve durar", "Alimentação: uma crise grave e inédita ameaça o mundo", "Covid-19: sintomas que perduram e esgotam os doentes", "A pandemia ameaça a Europa com uma grande fragmentação econômica".

A *conflitualidade* como a *mise en scène* do debate cidadão, colocando face a face debatedores polemistas que, de bom grado, procuram atacar mais o adversário do que explicar e argumentar seu ponto de vista.[199] As *explicações essencializantes* consistem em atribuir aos eventos uma causa simples e única: as emissões de CO_2 seriam a única causa do aquecimento global, a velocidade nas estradas seria a única causa dos acidentes de trânsito, os laboratórios chineses seriam a única causa da pandemia, tendo por efeito fazer o público acreditar que ele conhece a verdadeira causa contra a qual pode combater, fonte da fabricação de um bode expiatório. Soma-se a isso a *prova pelas testemunhas*, que são sempre selecionadas em pequeno número e não podem representar uma tendência majoritária. A *reivindicação de autenticidade* através da exibição de imagens dadas como garantia absoluta de "O que você vê é o que é", mesmo que sejam sempre objeto de uma montagem, quando não são deturpadas.

Essa tendência da mídia em selecionar (às vezes, construir) o que cria "tendência" (mesmo que isso se refira apenas a uma minoria), o que cria polêmica (como um espetáculo de boxe verbal), o que cria drama (mesmo quando se trata de um *fait divers***), o que cria revelação (mesmo que o caso seja limitado ou singular), pode ser colocada na conta de uma manipulação involuntária. O público, submerso de informação, não diferencia mais nada, não consegue mais hierarquizar os eventos, acredita que o que é minoritário, local e singular é majoritário, nacional

---

* N.T.: Instituição de longa permanência para idosos (em português, ILPI)
**N.T.: *Fait divers* é a seção de um jornal em que entram assuntos variados não categorizados nas seções tradicionais do dia a dia, por isso apresentando casos populares e às vezes excepcionais.

e geral. A atualidade é apresentada como se o mundo inteiro estivesse diante de seu computador vinte e quatro horas por dia, a sociedade em permanente insegurança, os países da Europa invadidos por migrantes, indivíduos governados por algoritmos e todos controlados, a violência sob diversas formas é o retrato do nosso tempo. O público é designado para ver o mundo pelo prisma da seleção da mídia, para seguir o que está na moda, para se emocionar coletivamente por medo ou por compaixão, para tomar partido de maneira radical, para se indignar e se revoltar sem possibilidade de análise dos acontecimentos.

Vamos entender. Não se trata de sobrecarregar os meios de comunicação que são parte integrante da democracia. Trata-se de apontar o que, na forma como a informação é apresentada, é possível, mesmo sem intenção de alcançar esse resultado, desinformar e até mesmo manipular as mentes. A relação entre os meios de comunicação e os cidadãos é difícil de estabelecer: por um lado, uma instância de informação que pretende esclarecer a opinião pública, mas que continua a satisfazer diversos desejos de dramatização e acaba por falsear o debate social; de outro, um cidadão que precisa saber e compreender a sociedade para se inserir nos debates públicos, mas que, ao mesmo tempo, é ávido pelas tragédias do mundo e gosta de se comover. No entanto, esse cidadão, não podendo se dar conta de todos os acontecimentos do mundo, precisa de mediadores que lhe relatem a atualidade, descrevam-na e a expliquem. O papel da mídia é este. Resta saber com que espírito de responsabilidade. Veremos isso mais adiante a propósito da "pós-verdade".

AS PESQUISAS DE OPINIÃO

As pesquisas fazem parte dessa manipulação involuntária que também pode ser suspeita de ser voluntária. Vários problemas se colocam em relação a elas, mas consideraremos aqui apenas o que diz respeito ao seu modo de questionamento.[200] As pesquisas são parte de um contrato de comunicação que visa a estabelecer um cenário da opinião pública sobre diversas questões de sociedade. *A priori*, elas não são, portanto, manipulatórias. Mas uma pesquisa é um ato de fala que compara perguntas e respostas, e, portanto, tudo depende da maneira como as perguntas são formuladas e o que elas induzem como respostas. Fazer uma pergunta equivale a impor um quadro de pensamento no qual está inserido aquele que o responde. As questões da pesquisa encerram, portanto, o questionado em um universo de pensamento preestabelecido pelas hipóteses de trabalho do instituto de pesquisa e pelas respostas propostas, às quais é preciso responder com sim ou não, a favor ou contra. O entrevistado se encontra preso na obrigação de emitir um posicionamento, de escolher entre os possíveis e, então, revelar suas ideias sem que seja possível dizer que sua opinião precedeu a questão. Como resultado, suas respostas são tendenciosas.

Além disso, há pesquisas e pesquisas. As questões não são as mesmas para uma pesquisa de *intenção*, de *preferência* ou de *avaliação*. A pesquisa de *intenção* busca elucidar qual seria o comportamento do entrevistado no caso de uma ação como, por exemplo, "Em quem você pensa em votar?". Esse tipo de pergunta sobre um ato futuro dificilmente provoca engajamento, sobretudo porque o prazo da ação está muito distante.[201] Não obstante, esse tipo de enquete tem uma influência manipulatória na medida em que cria uma "aspiração" em direção aos resultados dominantes.[202] A pesquisa de *preferência* busca saber quais produtos (para fins comerciais) ou pessoas (para fins políticos ou sociais) são mais bem avaliados pelo público: "Das duas personalidades a seguir, qual você prefere?". Esse tipo de enquete obriga a estabelecer ao mesmo tempo uma aproximação e uma oposição entre duas pessoas e a exprimir uma inclinação para uma delas, de acordo com as impressões que se tem dela. Seu efeito manipulatório pode ser da mesma ordem do anterior, criando uma espiral de atração para os melhores classificados.

A pesquisa de *avaliação* busca saber como os cidadãos se posicionam em relação a determinados problemas de sociedade: o aquecimento global, a eutanásia, a reprodução, a segurança etc. O entrevistado é colocado em uma situação em que deve julgar um problema do qual ele não conhece todos os prós e contras, porque ele não é nem especialista que pode dar um parecer técnico, nem jurista que pode fornecer argumentos jurídicos, nem político que tem de tomar uma decisão legislativa. A pesquisa de avaliação coloca o entrevistado em uma situação de pensamento que implica que a opinião expressa é baseada na experiência de vida pessoal, em suas observações, sentimentos e suas próprias razões. O problema aqui está na maneira como a pergunta é feita.

Se se perguntar às pessoas: "Pensando na vida política francesa, quais são os problemas mais importantes?", o resultado não será o mesmo que perguntar "Pensando na vida política francesa, você diria que as grandes regras da moralidade são respeitadas?". A primeira questão é aberta, enquanto a segunda é fechada e impõe um domínio de julgamento. Se se perguntar aos franceses, como foi feito em 2002: "Você poderia me dizer em poucas palavras se, em sua opinião, o meio ambiente é um problema importante para a sociedade francesa?", o resultado mostrará que esse problema é importante para a maioria dos franceses. Mas quando foi realizada outra pesquisa, no mesmo ano, com a pergunta: "Você poderia me dizer em poucas palavras qual é, na sua opinião, o problema mais importante da França?", apenas 1% dos entrevistados citaram o meio ambiente. Da mesma forma, se se perguntar aos entrevistados se eles são a favor ou contra as armas nucleares, eles responderão que idealmente são contra, mas se lhes perguntarem se a França deve renunciar ao seu armamento nuclear, as respostas serão favoráveis a esse armamento.

Ao mesmo tempo, vê-se qual pode ser a responsabilidade dos patrocinadores das pesquisas e dos entrevistadores: se eles não têm consciência da influência que pode ter a formulação da pergunta, podem ser acusados de ignorância culposa; se eles têm consciência disso, são culpados de manipulação. Portanto, é importante questionar as intenções do patrocinador. Assim foi com uma pesquisa realizada para conhecer a opinião dos franceses sobre "a escrita inclusiva". Enquanto diversas pesquisas indicam que a maioria dos franceses se opõe a esse método de escrita, fora a feminização dos nomes das profissões,[203] um outro anuncia triunfalmente que três quartos dos franceses são favoráveis: essa pesquisa foi realizada por uma agência de comunicação, Mots-clés, cujo fundador é ele próprio autor de um manual de escrita inclusiva.[204] Seu site anuncia que a Mots-clés busca promover a igualdade homem-mulher por meio da escrita inclusiva.[205] Isso permite pensar em uma manipulação que não pode ser considerada involuntária. Quanto à mídia, que fez eco disso, vê-se qual pode ser sua responsabilidade. Compreende-se o efeito da suspeita.

Manipulação e manipulação

Há, portanto, manipulação e manipulação e não se deve cair em "tudo é manipulação". Isso seria satisfazer o conspiracionismo. Da mesma forma que não se deve considerar que o mundo está definitivamente dividido entre dominantes e dominados, de igual modo, não se deve mergulhar nas águas do "conspiracionismo" que quer que haja apenas manipuladores e manipulados. Conforme as épocas e as condições da vida social, esses jogos manipulatórios podem mudar ou mesmo se inverter.

Nem todos os atos de fala são igualmente manipulatórios. Muitas vezes, aliás, o discurso do outro é considerado manipulatório. A manipulação não é, portanto, obra apenas dos poderosos, com Hitler, Mussolini ou Stalin manipulando as multidões, nem apenas dos governantes enganando os cidadãos com promessas inatingíveis. A manipulação se exerce de cima para baixo, mas também de baixo para cima e horizontalmente. De cima a baixo, o aparelho de Estado, o governo, dirigentes ou *lobbies* tentam influenciar a opinião pública; de baixo para cima, grupos organizados (ainda os *lobbies*) procuram influenciar os dirigentes e representantes do povo; horizontalmente, sociedades, dirigentes e grupos de cidadãos competem na guerra de comunicação. A Grécia Antiga viu nascer uma retórica persuasiva devido à necessidade de resolver os conflitos. Agora sabemos que qualquer sociedade precisa gerir as relações de poder que se estabelecem na vida coletiva por meio de discurso de persuasão ou de sedução, cujo propósito não é tanto a "verdade", mas a "crença na verdade".

OS PARADOXOS DA MANIPULAÇÃO

A questão que se coloca para nossas sociedades, ditas "pós-modernas", é saber se os discursos persuasivos tornaram-se mais manipulatórios com a ascensão potencial de uma opinião pública massificada, que é objeto de todos os fantasmas de apropriação, no âmbito político para fins de poder, no mundo comercial e midiático com fins lucrativos. Isso deve ser verificado, pois os trabalhos dos antropólogos mostram que os indivíduos que vivem em sociedade precisam do espetáculo representando as forças do Bem e do Mal. Essa necessidade é encontrada nas sociedades mais antigas, as mais primitivas, por meio de mitos e lendas, e em nossas sociedades, por meio da literatura, do cinema, da publicidade e de diferentes espetáculos espelhos nos quais as populações encontram sua razão de ser identitária.

O desenvolvimento tecnológico, aliado à complexidade das redes sociais que propagam o discurso mais ou menos "viralizante", fez com que não fosse possível saber com clareza quem são os patrocinadores, os responsáveis, os organizadores desses discursos, nem tampouco os verdadeiros destinatários, pois, às vezes, o discurso manipulatório circula com um certo consentimento popular, consciente ou não. As diferentes formas de manipulação só podem ter efeito na medida em que dão voz a preocupações significativas: toda a população, ou parte dela, estará ainda mais propensa a cair na armadilha do simulacro se viver no descontentamento, sentindo-se impotente para resolver seus problemas. Ela é ainda mais manipulável quando precisa que lhe forneçam explicações simples e narrativas dramatizantes. Sabe-se que as mentiras e negações da realidade são ainda mais bem-sucedidas quando antecipam desejos de crença, ecoam expectativas e oferecem aos indivíduos o espelho de suas ideias, seus preconceitos, daquilo que desejam ouvir. Para que a manipulação seja efetiva, o manipulador precisa de credibilidade (ou poder) e o manipulado precisa de credulidade. Ditaduras chegam com o consentimento dos povos, alerta o escritor egípcio Alaa El Aswany, que lembra como Hitler foi eleito e traça um paralelo com as propagandas islâmicas: "O processo é o mesmo: os 'ocidentais' são responsabilizados por todos os males. É com esse raciocínio que os radicais preparam um muçulmano para se tornar islâmico e, depois, jihadista".[206] É assim que o discurso e a armadilha do consentimento funcionam em regimes totalitários e em grupos militantes (quanto mais se milita, mais se acredita), devido à "força hipnótica" da ideologia:

> A força de atração quase hipnótica da ideologia é ainda mais forte do que os instrumentos de coerção aberta (que, evidentemente, continuam a existir), pois ela oferece respostas para qualquer pergunta [...]. Cada um é, ao mesmo tempo, vítima e apoio do sistema, oprimido pelo medo e opressor aterrorizado, pois o poder é cativo de suas próprias mentiras [...].[207]

O paradoxo é que esse fenômeno de "consenso suave" em torno das situações de crise e dos fantasmas relativos à segurança que as acompanham, talvez, seja a marca de uma sociedade que se "desideologiza". Assistimos à generalização de um duplo discurso: "celebridade" que, para grande satisfação do público, divulga o espaço privado, tornando-o lugar de um modelo de comportamento a seguir, segundo tendências estéticas, hedonistas e compassivas, e *"populista"* que, no domínio político, alimenta tendências conspiracionistas. A isso se adiciona o processo de *analogia*. A analogia, esse "demônio" de que fala Roland Barthes,[208] que desemboca no *amálgama*, se não se tiver cuidado, porque tende a incluir noções, conceitos ou quaisquer questões de sociedade no mesmo saco: pandemia, oligarquia, analfabetismo, iletrismo, comunitarismo, neoliberalismo, globalização, imigração, pauperização.[209] O amálgama, essa tendência deletéria praticada pelas redes sociais e pela mídia, é fonte de desinformação porque mantém a confusão, por exemplo, entre crise sanitária e crise climática, abusos policiais nos Estados Unidos e na França, sem levar em conta contextos e especificidades.

Não se trata de negar que a complexidade dos fenômenos humanos e sociais é tal que os vínculos se tecem entre seus diversos aspectos. Mas uma coisa é que se possa encontrar características comuns e jogos de influência entre esses diferentes fenômenos, outra coisa é interconectá-los de forma sistemática, como o fazem os teóricos da "interseccionalidade" entre sexismo, racismo, antiespecismo, os partidários da "colapsologia"[210] e outros movimentos de protesto global. Os fenômenos sociais têm estruturas próprias, histórias particulares, que se ligam a contextos particulares, e é a análise dessas particularidades que permite estudar os vínculos que se estabelecem entre eles. Sabemos que, no campo das ciências humanas e sociais, é necessário proceder a um vaivém constante entre uma abordagem indutiva e uma abordagem dedutiva que vai do particular ao geral e do geral universal ao particular. Edgar Morin mostrou claramente que, diante da complexidade do mundo, precisamos de "[...] um pensamento de confiança que possa ligar os conhecimentos, ligar as partes ao todo, o todo às partes e que possa conceber a relação do global com o local, a do local ao global".[211] Mas o amálgama diz *a priori* que "tudo está em tudo e reciprocamente" impede o pensamento de distinguir, discriminar, problematizar, comparando, confrontando, para, em seguida, vincular. O amálgama impede, por exemplo, de pensar em questões relativas ao conflito israelo-palestino, devido ao fato de que se confundem em um mesmo discurso o "antijudaísmo" (conflito religioso), o "antissemitismo" (conflito étnico) e o "anti-israelismo" (conflito de Estado).

Isso levanta a questão do lugar do discurso persuasivo e de seus avatares em uma democracia. As fronteiras são tênues entre estratégias de persuasão legítima e manipulação de mentes. Em uma democracia, instauram-se relações de força entre o poder e os contrapoderes nos quais se afrontam potência institucional e potência cidadã. Esse confronto se dá por meio de um jogo de máscaras: máscaras das forças da Lei e da Autoridade contra as máscaras das forças de reivindicação. Confronto entre poder e contrapoder, entre a ordem do possível da ação política e a ordem do desejável da desejabilidade cidadã. O discurso manipulador faz a ligação entre essas duas ordens, para o melhor ou para o pior. Voltaremos a essa questão na conclusão.

A PÓS-VERDADE

> *"... no poder do próprio feiticeiro, finalmente,
> a confiança e as exigências da opinião coletiva
> formam a cada instante uma espécie de campo gravitacional
> dentro do qual se definem e se situam as relações
> entre o feiticeiro e aqueles que ele enfeitiça."*
>
> C. Lévi-Strauss, *Anthropologie structurale I*

A "pós-verdade", uma mistura de contraverdades

A sociedade é feita de tal forma que os indivíduos que a constituem precisam se apegar a palavras que parecem resumir todo significado do mundo. Com e por meio dessas palavras – de preferência em inglês – eles tornam essenciais o que acreditam ser verdades definitivas. Ontem *storytelling*, *soft power*, *populismo*, *dominação*; hoje *racializado*, *de gênero*, *sistêmico* (violência policial sistêmica, racismo sistêmico, sexismo sistêmico) e, para o que nos interessa aqui, *fake news*, *infox*, *intox*, *désintox*,* *fact-checking*. É o caso de palavras precedidas pelo prefixo *pós*, que não datam de hoje, como *pós-estruturalismo*, *pós-marxismo*, *pós-nacionalismo*, *pós-colonialismo*, *pós-democracia*, que precisariam ser escritas em uma única palavra, mas cujo hífen marca a importância do prefixo.[212] Entre eles: *pós-verdade*. E o fato de essa palavra (em inglês *post-truth*) ter sido escolhida e registrada pelo dicionário Oxford como palavra do ano de 2016 só lhe dá mais visibilidade. Estaríamos, portanto, na era do "pós", cujo termo abrangente, aplicado a nossa época, seria *pós-modernismo*.

O problema com as palavras da moda, que invadem o espaço público por meio de comentários e análises, é que parecem dizer tudo e, de tanto dizer tudo, acabam por não significar mais nada ou significar de forma tão imprecisa que perdem o sentido. Um bom valor de mercado, certamente, mas pouco – e, às vezes, falsamente – explicativo. Elas formam a série que Roland Barthes chama de "palavras-maná". Para ele, uma palavra-maná é "[...] uma palavra cujo significado impactante, multiforme, fugidio e, como se fosse sagrada, dá a ilusão de que com essa palavra se

---

* N.T.: *Infox* e *intox* querem dizer informação errada. *Désintox* é rubrica do jornal *Libération*. "Na versão impressa, cada artigo [...] começa citando a informação equivocada (*Intox*), antes de desconstruí-la numa segunda parte (*Désintox*)." (Alain Rabatel, "Contribuições da análise dos discursos midiáticos: da interpretação dos dados à crítica das práticas discursivas e sociais", *Revista Investigações*, v. 29, nº 2, julho/2016).

pode responder a qualquer coisa".²¹³ Também podem ser chamadas de "palavras-magia", que dão a impressão, a quem as utiliza, de que elas detêm a verdade, pois, segundo Lévi-Strauss, a crença precede a magia. Essas palavras são, por vezes, objeto de teorização, como atestam certas obras sobre "pós-moderno" e "pós-modernidade",²¹⁴ mas são utilizadas, principalmente, na linguagem cotidiana, causando inflação, sem que sejam questionadas como noções ou conceitos.

E quanto a esse prefixo tão próspero? A filósofa Myriam Revault d'Allonnes assinala que ele não indica a mesma coisa, a depender da palavra a que se vincula. No *posfácio, pós-parto, pós-operatório, pós-escolar*, ele indica o "momento seguinte", enquanto em *pós-moderno, pós-colonialismo, pós-democracia* – e, portanto, *pós-verdade* –, esse prefixo "[...] introduz uma diferença qualitativa: sinaliza, então, uma dificuldade ou um elemento de ruptura e de novidade".²¹⁵ Com efeito, em certos casos, *pós*, em oposição a *pré*, indica um momento que se segue a outro, ele próprio anterior, como se entende na sucessão das eras "pré-industrial", "industrial" e "pós-industrial". Mas, em outros contextos, essa partícula sinaliza uma ruptura com o momento anterior. É o caso da "pós-modernidade", que, desde a queda do muro de Berlim, estaria rompendo com as ideologias do século anterior que dividiam o mundo entre utopia comunista e utopia capitalista; em ruptura com o mundo social anterior devido às novas tecnologias digitais que perturbam as relações sociais; com o mundo da informação de outrora, devido às redes sociais e à informação contínua; com o modelo estatal e autoritário da democracia representativa, devido ao peso de uma demanda social pela participação nos negócios da pólis. Mas trata-se, em cada um desses casos, da mesma ruptura? É uma ruptura brutal e definitiva, uma transformação, uma mutação? O estado posterior apaga completamente o estado anterior, modifica-o, supera-o ou lhe traz elementos novos sem destruí-lo completamente? O que podemos observar em todos os casos é que essa transformação é acompanhada de um estado de crise, crise política, crise econômica, crise artística, crise de representações.²¹⁶ E quanto à pós-verdade?

Partamos de uma constatação. Primeiro, a definição do dicionário Oxford que enfatiza o aspecto emocional das crenças (eu traduzo): "um adjetivo definido como relacionado a ou denotando circunstâncias nas quais os fatos objetivos têm menos influência na opinião pública que os apelos para a emoção e crenças pessoais".²¹⁷ Aspecto emocional, certamente, satisfaz crenças, sem nenhuma dúvida. Mas ainda é preciso saber o que são "fatos objetivos", como se transformam em mensagens emocionais, quem são seus autores e o que os motiva, enfim, o que faz com que essas mensagens tenham impacto no público. Não nos interessaremos aqui pelo funcionamento do espaço digital para o qual estudos sérios têm sido conduzidos por especialistas em Ciência Social Computacional.[218] Buscamos entrar na noção de "contraverdade" do ponto de vista de seus aspectos linguageiros. Começando com a questão de saber o que são "fatos objetivos"; nós respondemos – sem esgotar a questão – no primeiro capítulo, do qual vamos relembrar algumas proposições. Em seguida, a questão relativa à transformação das mensagens em "contraverdades", que exige que sua *natureza* seja examinada. Além disso, a questão dos *motivos* que poderiam ser objeto de estudos psicológicos e sociológicos, mas que abordaremos aqui por intermédio da natureza das mensagens. Quanto à questão do impacto, ela supõe que estamos interessados no fenômeno da *credulidade* dos indivíduos que vivem em sociedade. É dizer que a pós-verdade vai além do quadro das notícias falsas.

O QUE SÃO "FATOS OBJETIVOS"?

Esta questão remete à da verdade considerada do ponto de vista linguageiro. Lembremos primeiramente que "a verdade não é julgada apenas do ponto de vista do que o locutor diz sobre o mundo e da maneira como ele representa o mundo para si, mas da relação interacional e transacional em face do outro e da questão que a preside, através das quais se constrói uma certa representação da realidade". Portanto, a frase "fatos objetivos" não tem muito sentido. Os fatos pertencem à realidade bruta e é o olhar que pode ser considerado objetivo ou subjetivo, por meio da forma de descrever essa realidade, em uma dada circunstância do discurso. É o enunciado que precisa ser julgado, porque é ele que testemunha o saber que preside essa descrição, e não a realidade.

Já foi dito que é necessário distinguir saber de conhecimento e saber de crença. O saber de conhecimento resulta de procedimentos de análise que servem para definir leis científicas ("A terra gira em torno do sol"), que são independentes do ponto de vista do sujeito; nessa medida, o saber científico tende para a objetividade. O saber de crença é dependente do ponto de vista do sujeito, de sua experiência de mundo ("Se eu solto um objeto, ele cai"), experiência suscetível de ser partilhada por outros. A esses tipos de saber – saber científico e saber por experiência – correspondem, do ponto de vista dos atos de fala, duas figuras de verdade: "verdade científica" e "verdade factual".

Essas considerações nos lembram que, no que diz respeito à descrição do mundo, tudo passa pelo filtro da interpretação. Tratamos dessa questão em um artigo que não podemos retomar aqui, na íntegra, mas que lembraremos alguns pontos.[219] A hermenêutica discute, como afirma Nietzsche, "a maneira como os homens apreendem as coisas [...] é, em última análise, apenas uma interpretação determinada por quem somos e por nossas necessidades".[220] Em outras palavras, nunca há senão interpretações da realidade; para a hermenêutica, compreensão e interpretação são uma questão de linguagem que, ao mesmo tempo, funda o sentido e dá testemunho da responsabilidade do sujeito falante. Desse ponto de vista, a interpretação não representa a realidade do mundo, mas o significante real que é construído a partir dela; isso não significa que os fatos não existam, que não houve um tsunami inundando um determinado povoado, que não houve 33 vítimas; isso quer dizer que o significado do tsunami ou do número de vítimas depende da interpretação da realidade percebida.

No interior da problemática da pós-verdade, a questão, portanto, não é tanto a da transformação ou desvio dos fatos objetivos, mas a da representação que o ato de fala dá desses fatos, dependendo de se recorrer ao saber científico ou ao saber por experiência. Trata-se da maneira como o que é enunciado se apresenta como verdade. É necessário, pois, completar a declaração de Aristóteles, para quem "a verdade é dizer daquilo que é que é, e daquilo que não é que não é",[221] pois pode-se dizer "do que é" que "isso não é", como diz o negacionismo, e, inversamente, "do que não é", que "isso é", e, em ambos os casos, afirmar que "isso é verdadeiro". Poderíamos até ir mais longe, a ponto de brincar com as palavras, como fazia Coluche,* e dizer: "Todas as verdades são iguais, mas algumas são mais iguais do que outras".[222] Assim, dizer que "a Terra é plana" não é uma questão de fato objetivo, mas de negação, pelo dizer, de um discurso de saber científico comprovado que demonstrou a verdade científica de que "a Terra é redonda". Poderemos, então, falar de "contraverdade".

---

* N.T.: Coluche foi um ator e comediante francês.

A natureza das "contraverdades"

São consideradas características da pós-verdade as *fake news, infox* e *intox*, que serão agrupadas na expressão *"notícias falsas"*. É preciso lembrar, inicialmente, que as notícias falsas não datam de hoje. Mentiras, rumores, calúnias, fofocas, difamação sempre existiram. Convidado do programa *Concordance des temps*, intitulado "L'histoire vraie des fausses nouvelles",[223] o historiador Robert Darnton lembra que entre os romanos circulavam fofocas sobre a vida privada dos grandes nomes da sociedade, relativas ao sexo e ao dinheiro, que fascinavam o público; na Idade Média, os vendedores ambulantes espalhavam notícias falsas, e os rumores andavam a passos largos. Darnton conta a história do pequeno Simon, que desapareceu em 1475, quando tinha 2 anos de idade, e foi encontrado afogado. O rumor dizia que aquilo era obra de judeus envolvidos em rituais de assassinato nos quais bebiam o sangue de suas vítimas. No século XVIII, como muitas das máximas e anedotas de Chamfort atestam, difamações e zombarias floresciam na França de Luís XV (foi nesse momento que apareceu a besta de Gévaudan, mencionada anteriormente). No século XIX, as canções de rua e de cabarés podiam derrubar ministros; e, no século XX, conhecemos o caso de Roger Salengro, ministro do Interior do governo de Léon Blum que, em 1936, acabou com a sua vida sob a pressão de uma campanha de calúnias que o acusou de deserção, alcoolismo e homossexualidade. Finalmente, em *A estranha derrota*,[224] testemunho escrito em 1940, o grande historiador Marc Bloch estuda como nascem e se propagam rumores e notícias falsas em tempos de guerra, e como são conscientemente fabricados e explorados. Embora a invenção da tecnologia digital com a proliferação das redes sociais tenha aumentado consideravelmente a circulação de notícias falsas mascaradas como informações jornalísticas, isso tem uma história antiga. E essa é a armadilha, pois, como escreve Umberto Eco: "o falso é 'histórico' e, como tal, já está revestido de autenticidade".[225]

Conhecemos essa memorável palavra da conselheira de Donald Trump, Kellyanne Conway, que, após ser questionada pela imprensa sobre a contagem – claramente inflada – da multidão presente na posse do presidente dos Estados Unidos, declarou que se tratava de "fatos alternativos". Fatos alternativos, *fake news*, *infox*, *intox*, todas essas palavras, que fazem a festa da mídia e dos comentaristas de todos os matizes, são utilizadas de forma global, essencializadas, o que bloqueia qualquer tentativa de pensá-las, questioná-las e categorizá-las como uma noção. Na realidade, não são nada menos do que *contraverdades* sob diferentes modalidades. Recorre-se a diversos meios para produzi-las: montagens sonoras por substituição de vozes, efeitos especiais de documentos fotográficos e audiovisuais utilizando diversas técnicas de maquiagem, e outras mais clássicas, como citações truncadas, fora de contexto, às vezes até distorcidas, apresentação de falsos testemunhos e provas forjadas. Do ponto de vista discursivo, as contraverdades não são todas da mesma ordem: há as que procedem de uma *negação* dos fatos; outras, de uma *invenção* dos fatos.

A NEGAÇÃO DE UM SABER ESTABELECIDO: O NEGACIONISMO

Negar de forma sistemática fatos comprovados ou demonstrados, transformando-os em um sistema de pensamento, gera um discurso *negacionista*. Com efeito, não basta dizer: "Freud nunca existiu" ou "Os americanos não foram à Lua". Obviamente, são contraverdades factuais. Mas, para que se lide com o negacionismo, é preciso que essas contraverdades sejam acompanhadas de explicações que busquem contestar a existência, as causas ou consequências desses fatos, sinalizar a ausência de provas ou declará-las falsas, maquiadas, falaciosas. Outra narrativa é, então, proposta, outra *storytelling*, fornecendo outra explicação, descrevendo outras causas, aportando outras evidências, que, por conseguinte, denunciam a explicação oficial considerada falsa. A respeito dos atentados contra as Torres Gêmeas de Nova York, em 11 de setembro de 2001, e contra o Pentágono, ocorrido meia hora depois, Thierry Meyssan, em *Le Pentagate*,[226] faz uma longa descrição dos locais (ausência de destroços de avião, marcas de rodas) para invalidar a explicação de uma colisão, apoiar a hipótese de um míssil, acusar o governo americano de ser o organizador. Trata-se de um verdadeiro *fato alternativo* que serve para sugerir que houve uma mentira de Estado, um complô orquestrado por políticos e pela mídia, essas mentiras de Estado que Noam Chomsky[227] denuncia, constantemente, pois bastaria se perguntar: "Quem se beneficia com o crime?"

Quando o conhecimento cientificamente comprovado é desafiado, um contradiscurso teorizando com contra-argumentos e provas é estabelecido. Assim ocorre com os "terraplanistas", que, através de seus blogs e congressos sempre cheios de participantes, esforçam-se para demonstrar que a Terra é plana com argumentos contundentes do tipo: "Alguém já viu uma poça, lago ou mar com a superfície curva?". Ou ainda: "Se você estiver em um avião e colocar um nível de bolha de ar na mesinha de seu assento, a bolha deveria inclinar um pouco. Ora, não é o caso: o nível está na horizontal, o voo está na horizontal, o nariz do avião está na horizontal, então, a superfície da Terra está necessariamente na horizontal".[228] O mesmo se aplica aos adeptos da medicina alternativa, como aqueles chamados "antivacinas".[229] Eles trabalham para espalhar argumentos nas redes sociais sobre as consequências da vacinação: "Multiplicar as vacinas prejudica o sistema imunológico das crianças"; "As vacinas causam autismo"; "As vacinas podem causar morte súbita do bebê"; "As vacinas podem causar esclerose múltipla". Às vezes, invocam-se testemunhos, como o da mãe que conta como as vacinas mataram seu bebê de 6 meses, ou do pai que declarou: "Depois da vacina MMR, meu filho se tornou autista não verbal". Esses "antivacinas" terão dificuldade para se defender diante da recente pandemia de coronavírus, embora estudos tenham mostrado que, após as epidemias do passado, essa categoria de rebeldes se sentiu confortável em sua luta contra as campanhas de vacinação.[230] Uma posição semelhante é adotada pelos céticos do clima, na França, que não negam o aquecimento global, mas se recusam a atribuir a causa à atividade humana: "O aquecimento global é devido ao sol"; "O aquecimento global se deve a ciclos recorrentes do clima".[231] Diz-se também que "a aceleração da elevação do nível do mar é uma fraude", que "a elevação é natural e nada tem a ver com a atividade humana",²³² enquanto os estudos científicos sobre o assunto dizem o contrário.²³³ Esses movimentos correspondem, curiosamente, ao que é a matriz ideológica da direita, sem que, por vezes, os atores tenham consciência. Efetivamente, o discurso fundador da ideologia de direita é que "a natureza se impõe ao homem", assim como a natureza é um mundo individualista, desigual e predatório – a *struggle for life* de Darwin, vindo em socorro do liberalismo econômico –, não servindo de nada ir contra isso. Daí a ideia de que o Estado não precisa se opor ao que os indivíduos desejam. Entretanto, os antivacinas, os céticos do clima e outros colapsologistas se baseiam em argumentos naturalistas e antiestados. Eles convertem uma questão que exige um saber científico sobre o verdadeiro e o falso em saber de crença em torno do bem e do mal. Não é surpreendente, nessas condições, que Donald Trump e Jair Bolsonaro se encontrem nesse campo.

O CASO DO REVISIONISMO HISTÓRICO

Participam do *negacionismo* os discursos *revisionistas* que lidam com o saber histórico. É o caso da negação do genocídio armênio em 1915 pelos "Jovens Turcos" que fez 1,5 milhão de vítimas, destruindo a quase totalidade da população armênia da Anatólia, e da existência das câmaras de gás nos campos de concentração nazistas, contestando o projeto genocida. Em relação ao último caso, vamos relembrar os fatos.

Robert Faurisson (1929-2018) foi professor de Letras no ensino médio e, posteriormente, na universidade.²³⁴ Ele se tornou conhecido por meio de suas declarações a respeito da Shoah, primeiramente pela publicação no jornal *Le Monde*, de 29 de dezembro de 1978, de um artigo intitulado "O problema das câmaras de gás", depois, resumido em uma intervenção que ele fez em dezembro de 1980, no Europa 1:²³⁵

> As chamadas "câmaras de gás" hitleristas e o alegado "genocídio" dos judeus constituem uma única e mesma mentira histórica, que permitiu uma gigantesca fraude político-financeira cujos principais beneficiários são o Estado de Israel e o sionismo internacional, e cujas principais vítimas são o povo alemão – mas não seus líderes – e todo o povo palestino.

Ele foi condenado várias vezes por incitação ao ódio racial, contestação de crimes contra a humanidade e julgado como "um falsificador e falsário da história"; sua carreira acadêmica foi paralisada, mas isso não o impediu de divulgar suas ideias em livros,[236] revistas, jornais diários[237] e rádios. Para alguns, ele é um provocador, para outros, um paranoico que sofre de delírio obsessivo, para outros, ainda, ele é consciente do que faz, acredita-se investido de uma missão de verdade, pertencendo à esfera antissemita de extrema direita.

Ao contrário do que pôde ser dito, Faurisson não nega a existência das câmaras de gás, mas a função delas. Elas teriam servido para desinfecção dos prisioneiros, e não para matar homens e mulheres. Usá-lo como um instrumento de genocídio é uma fraude produzida por um complô judaico. Faurisson não se contenta em negar, ele trabalha para demonstrar. Ele não enuncia uma opinião, ele se prevalece de seu título de historiador vinculado à universidade e joga com a credibilidade de um saber científico, de uma abordagem dita "hipercrítica": é como agente científico que ele se expressa. Ele está realizando um "revisionismo" da história.

Se Robert Faurisson acredita no que propõe, em nome de um saber histórico, ele não está nem na denegação (ele ignoraria o que pensa), nem na má-fé (ele colocaria entre parênteses o que ele realmente acredita). O sujeito que enuncia confunde-se com o sujeito que pensa sob a aparência de sujeito científico, que se liberaria de qualquer motivação política.[238] Também não seria uma impostura, porque o que ele enuncia seria um saber científico que contestaria um enunciado científico. Faurisson não usurpa, portanto, nenhum lugar. Ele não toma o lugar de ninguém. Embora não possa reivindicá-lo decentemente, ele se considera legítimo em seu lugar como historiador. Não há desdobramento de personalidade, nem substituição de sujeitos entre pessoa e personagem: ele assume sua própria e única pessoa. Desse ponto de vista estrito, Faurisson não é um impostor, na medida em que, como vimos, o impostor não acredita no que diz, mesmo que tente se fundir nisso. O negacionista, por outro lado, acredita no que pensa e no que diz, em nome de um "método histórico" alternativo à história oficial.

No entanto, de outro ponto de vista, pode-se taxá-lo de impostor. Para decretá-lo impostor, é necessário que o revisionista seja deslegitimado em sua qualidade de historiador, em nome de outro saber que prova que sua maneira de fazer as coisas não o torna digno da competência de que se vale. Pode-se, por conseguinte, considerar que ele usurpa um lugar ao qual não tem direito. Foi a isso que se propuseram Jean-Pierre Rioux e Pierre Vidal-Naquet, respondendo à negação das câmaras de gás, pela negação de pertença dos revisionistas à comunidade de historiadores.

O revisionismo também não se enquadra na manipulação tal como a definimos, pois o sujeito acredita no que diz e não tem vontade de enganar, desde que, é claro, não haja um projeto de impostura para fins ideológicos. Se Faurisson é um caso emblemático, ele não é o único a defender essas ideias revisionistas que se confundem com os escritos de movimentos neofascistas franceses e estrangeiros,[239] provocando uma polêmica que não tinha mais nada de científico, mas um acerto de contas político-ideológico, como evidencia a declaração de Jean-Marie Le Pen, qualificando as câmaras de gás como "detalhe" na história da Segunda Guerra Mundial.

Assim, é em seu efeito que o revisionismo se torna manipulatório e não na intenção, pois é suscetível de perturbar uma parte da opinião, aquela que está inclinada, por diversas razões, a rejeitar uma categoria de indivíduos (nesse caso, os judeus). Esses discursos unem, alimentam e reforçam as correntes antissemitas. Eles afetam os imaginários sociais, redirecionando-os para outras "verdades". Nesse sentido, podemos dizer que o revisionista nega, ao mesmo tempo, os fatos e um saber, fatos por meio de um saber por experiência. Ele acredita no que alega e engana o público.

DO NEGACIONISMO À CONSPIRAÇÃO: A INVERSÃO DO ÔNUS DA PROVA

Por meio do discurso negacionista ocorre uma espécie de *reversão do ônus da prova*, pois os negacionistas acusam aqueles que sustentam uma narrativa historicamente fundamentada de se engajar no negacionismo, o que é característico do discurso conspiracionista. Como o negacionismo não pode acreditar no contrário do que ele diz, ele não se contenta em afirmar, busca provas e se propaga com explicações mais ou menos argumentadas. Ele não se contenta em negar os fatos, ele fornece explicações. Ele se dedica, por exemplo, a mostrar, baseado em provas, que "Hitler nunca ordenou nem admitiu que alguém fosse morto por causa de sua raça ou religião". Ele argumenta, investiga e afirma que o genocídio é "fruto de uma imaginação fervorosa decorrente da propaganda", e pouco importa testemunhos em contrário. Pessoas, organizadas em associações, que afirmam que "a Terra é plana" argumentam que aqueles que dizem que ela é redonda participam de um complô. Os grupos antivacinas que argumentam que as vacinas não protegem dizem que a população não está consciente de que ela sofre o peso do complô dos *lobbies* das indústrias farmacêuticas. Aqueles que negam que o homem foi à Lua, ou contestam a natureza do ataque de 11 de setembro, acusam o Estado americano de conspiração. E aqueles que negam a função das câmaras de gás, como acabamos de ver, acusam um complô judeu.

Realizar essa inversão do ônus da prova faz assumir a responsabilidade do "conspiracionismo" pelo grupo que, por meio do conhecimento dos fatos comprovados, defende um saber estabelecido. O conspirador, escreve o filósofo e historiador François Azouvi, tira vantagem disso, apresentando-se como vítima e colocando-se como acusador:

> Faurisson instala-se, assim, na postura ideal para ele: a da vítima solitária face ao consenso dos poderosos [...] a mecânica perversa se move: quanto mais Faurisson for refutado, mais se declarará vítima de um complô.[240]

As teorias da conspiração, por outro lado, só fazem suas acusações por meio de afirmações sem procedimentos demonstrativos:

> Fazendo da verdade algo independente dos procedimentos de descobertas, certificação e justificativa, a *hiperverdade* é incapaz de dar conta dos processos por meio dos quais chega-se à pós-verdade e encontra-se, portanto, incapaz de fornecer soluções e alternativas.[241]

O negacionismo é verdade para alguns, impostura para outros. Afinal, Galileu era, em sua época, um negacionista para a Igreja Católica.

Mas, paradoxalmente, os negacionistas obrigam os especialistas, e particularmente os historiadores, a discutir suas evidências. Está aí a armadilha que dá visibilidade às teses negacionistas. Isso é o que Baudrillard aponta:

É claro que os negacionistas historicamente estão errados no sentido de que desejam estabelecer uma verdade histórica diferente. Mas sua proposição como fato de enunciação deve ser decifrada. O fato de que ela seja simplesmente possível significa que, no tempo real que é o nosso, esse tempo histórico do Holocausto não existe mais e que é impossível ressuscitá-lo na memória viva, porque não estamos mais no mesmo tempo. Pior do que dizer que o Holocausto não existiu é ter de prová-lo e ter de defender sua existência como uma verdade moral, até ideológica e política.[242]

O negacionismo torna-se, então, tarefa dos juízes. Só se pode condenar declarações de negacionistas depois de elas terem sido feitas. No entanto, não se pode impedir ninguém de defendê-las.

A INVENÇÃO DE FATOS E EXPLICAÇÕES

As contraverdades podem ser puras invenções. Aqui, um militante, durante um comício de Marine Le Pen, grita, muito seriamente: "Vocês sabiam que vamos vender a Alsácia e a Lorena para a Alemanha?", acreditando estar relatando as observações ambíguas da líder do Rassemblement National[243] sobre o Tratado Franco-Alemão de Aix-la-Chapelle, de 2017. Na ocasião, um internauta afirmou no Twitter que o gabinete do ministro da Educação Nacional distribuiu às crianças cartazes em homenagem a Jean-Michel Blanquer.[244] Nessa ocasião ainda, os internautas relataram que um migrante do Mali seduziu uma herdeira suíça, ia se casar com ela e se tornar milionário, mas a informação vinha de um site de paródia, o mesmo que afirmou que um migrante conseguiu chegar aos Estados Unidos pendurado na asa de um avião. Outro exemplo é o caso de uma rebelião após a morte de um indivíduo que, em uma motocicleta, sem capacete, atravessa um cruzamento de uma via férrea e é atingido por um trem; as redes sociais fizeram circular a informação de que o indivíduo em questão estava sendo perseguido pela polícia: à noite, a cidade de Montigny-lès-Cormeilles é incendiada, até que se provou, com a ajuda de câmeras de vigilância, que a informação era falsa.[245]

Sabemos que o presidente dos Estados Unidos, Donald Trump, grande especialista em contraverdades inventadas, divulgou, durante a campanha eleitoral de 2008, a informação segundo a qual a certidão de nascimento de Barack Obama, provando que ele nasceu em solo americano – o que o qualificou para se tornar presidente dos Estados Unidos – era falsa. E quando não estava na origem dessas invenções, ele transmitiu mensagens conspiratórias, como: os conselheiros de Hilary Clinton teriam montado uma rede de pedófilos em uma pizzaria; altos dirigentes democratas, incluindo Bill Clinton, pegaram o jato particular de Jeffrey Epstein[246] para ir a sua "ilha de pedófilos"; os Clinton teriam financiado o assassinato do pai de um dos concorrentes republicanos, uma possível testemunha inconveniente que provaria que eles estavam envolvidos no assassinato do presidente Kennedy. E essa mesma prática continuou durante a campanha de 2020, com vídeos e fotomontagens, acusando de pedofilia o candidato democrata Joe Biden. É essa mesma prática que foi implementada durante a campanha eleitoral de Jair Bolsonaro, no Brasil, para desacreditar seus adversários, acusando-os de serem agentes do comunismo, quando não de pedofilia e de predação sexual. Encontramos, pertencente a essa categoria de invenção, o caso das armas de destruição em massa já mencionado em relação a George Bush Jr.

Os próprios jornalistas não ficam de fora. Podemos relembrar aqui o caso de David Cameron, relatado por Myriam Revault d'Allonnes:[247] o primeiro-ministro britânico foi objeto de uma campanha de difamação, alegando que ele era um depravado, pois "teria participado de uma sociedade da Universidade de Oxford, conhecida por seus excessos, de uma cerimônia obscena com uma cabeça de um porco morto". A jornalista que escreveu o artigo publicado no *Daily Mail* disse em um programa de televisão que não tinha nenhuma prova, mas que cabia às pessoas "decidir a quem dar crédito ou não".

Podemos também relatar o caso Éric Brion: a jornalista independente Sandra Muller criou a hashtag #*balancetonporc,* em outubro de 2017, denunciando Éric Brion por tê-la assediado sexualmente; essa declaração provocou um verdadeiro tsunami midiático e um linchamento nas redes sociais, por parte de pessoas que, sem conhecer os protagonistas, sem inquérito nem investigação, deram crédito à palavra da delatora. A jornalista foi condenada, em 25 de setembro de 2019, pelo tribunal de Paris por difamação pública contra Éric Brion.[248]

Às vezes, até mesmo, as redes sociais com a retransmissão da mídia configuram-se como um tribunal de condenação, mesmo que a justiça tenha decidido arquivar. A justiça não conseguiu apresentar nenhuma prova contra Woody Allen, acusado de agressão sexual contra sua filha de 7 anos, e, mesmo que investigações independentes conduzidas por especialistas de Yale tendo concluído sem ambiguidade que a menina "não foi abusada sexualmente pelo Sr. Allen", ele continua, no entanto, a ver seus filmes e livros boicotados.

"Padrões" de geometria variável

Não é muito fácil determinar de modo preciso os motivos que movem essas fontes de notícias falsas. Seria preciso haver investigações psicológicas e sociológicas. Só podemos identificar, a título de hipótese, alguns comportamentos baseados na natureza das contraverdades, pois quem dará os motivos para alguém ter praticado ou estar praticando esse tipo de trabalho? Poderíamos dizer que tudo se baseia na máxima de qualidade enunciada por Grice: "Seja sincero, forneça informações verdadeiras, conforme o que você sabe". Embora não fosse essa a intenção, é isso o que justifica as famosas *verdades alternativas* como oposição a qualquer verdade factual ou científica, pois basta que o sujeito considere verídico o que ele sabe ou pensa que sabe para torná-lo conhecido pelos outros. Desse ponto de vista, a questão é se o autor das contraverdades está consciente do que diz (*mentira*), parcialmente consciente (*má-fé*) ou não consciente (*denegação*).

A CRENÇA ABSOLUTA

A crença cega em certas ideias, a fé em uma religião e os preconceitos incondicionais levam alguns a encontrar um inimigo para denunciar e, ao mesmo tempo, apoiar quem poderá entregá-los. Aqui encontramos os falsificadores da história, como vimos sobre o revisionismo, e como é o caso de Philippe de Villiers, que, em seu último livro, *J'ai tiré sur le fil du mensonge et tout est venu*, opõe-se à integração europeia e atribui a ideia da construção europeia aos nazistas, à França de Vichy, depois a um "círculo de conspiradores" de Washington, o que provocou uma reação indignada de um coletivo de historiadores.[249] Mas, sem chegar à elaboração de panfletos, são os partidários de uma determinada política e seu líder que se propõem a lançar contraverdades, às vezes, delirantes. Quanto aos adeptos de uma religião, eles se opõem a qualquer ideia que contrarie sua crença, seja contra a vacinação, porque tudo está nas mãos de nosso salvador, "Jesus é a minha vacina",[250] ou contra as medidas de confinamento devido ao coronavírus. Durante uma manifestação dos apoiadores de Donald Trump contestando o confinamento, foram lidos cartazes que diziam: "O comunismo mata mais do que a covid-19". E, quando não é comunismo, é um poder oculto: "O coronavírus é uma invenção do *deep state* americano", a menos que sejam aqueles que manipulam a técnica: "É o 5G que está na base da pandemia do coronavírus". Podemos nos referir aos exemplos descritos no capítulo dedicado à propaganda profética. Aqui não há mentira ou má-fé, mas *verdade de convicção*.

A INTENÇÃO DE PREJUDICAR, DE CAPTURAR, DE EXISTIR

A intenção de prejudicar os outros também pode ser um motivo. Trata-se, como vimos no caso das estratégias de manipulação, de desqualificar o outro, o adversário. Essa é uma tática clássica do discurso político, mas praticada indiretamente para evitar a acusação de difamação. No caso de alguns líderes populistas (Trump, Bolsonaro, Erdogan), as mentiras acusatórias tornam-se ultrajantes. Na guerra verbal sino-americana, cada um acusa o outro de espalhar mentiras e alegações difamatórias.[251] Outros, nas redes sociais, dedicam-se a desviar documentos para denunciar e acusar os poderes públicos: a ONG Avaaz cita uma publicação que inclui fotos de Coletes Amarelos ensanguentados, que, segundo disseram, foram espancados pelo CRS,[252] quando se tratava de imagens tiradas na Espanha, durante a crise catalã, conforme mostrou o serviço de verificação de fatos da AFP. Um vídeo veiculado no Facebook afirma que um "africano sem bilhete de transporte" teria morrido depois de ser "empurrado por um agente de segurança", quando, na realidade, ele tinha sido acometido por um mal-estar.

O que parece ser ainda mais nocivo é o que vemos ser praticado de forma recorrente nessas mesmas redes: ataques *ad hominem*, ou seja, pessoais. Insultos, ameaças, difamações, calúnias tratando a pessoa como "louca", "instável", "incompetente", "medíocre", acompanhados de revelações infundadas que afetam a vida privada ou pública para desacreditar, para estragar a existência de outrem. Os internautas praticam assédio sistemático: denúncias de vizinhos, colegas de trabalho, notáveis, concorrentes, alguns sendo obrigados a mudar de domicílio, de local de trabalho, de empresa, outros a renunciar ao cargo, quando não se trata de precisar de um hospital psiquiátrico. No entanto, essa questão é difícil de desvendar juridicamente, na medida em que o direito à proteção da vida privada se choca com a liberdade de expressão.

Inversamente, mas de forma complementar, as contraverdades servem para recrutar adeptos e apoiadores para fins políticos, ideológicos ou religiosos. As contraverdades fazem parte de uma vontade de proselitismo e se apresentam, ao mesmo tempo, como estigmatizando ideias opostas e celebrando os benefícios de suas próprias ideias ou comunidades. Encontramos aqui tanto as propagandas proféticas de que falamos quanto os "antivacinas" e os "terraplanistas", cujo slogan é: "Eles mentem para nós". A menos que o motivo para produzir contraverdades seja fazer-se existir, construir seu *ethos*. Como aconselha Michel de Pracontal em um trabalho irônico intitulado *A impostura científica em dez lições*:* "Se o seu valor não é reconhecido, coloque como responsável o conformismo da sociedade, a ortodoxia, a 'ciência oficial' e até – por que não? – um vasto complô internacional que pretende silenciá-lo".[253]

A DIVERSÃO DELETÉRIA

E, outro motivo, a pura diversão. Muitas mensagens que circulam em blogs, tuítes e Facebook confirmam, visto que esses suportes são um espaço de livre expressão das opiniões de pessoas anônimas dirigindo-se a desconhecidos e não temendo nenhuma repressão. Divertimento mais ou menos sério no prazer de atrapalhar, de desestabilizar as discussões

---

* N.T: Tradução brasileira de Álvaro Lorencini. São Paulo, Editora da Unesp, 2004.

que acontecem no espaço das redes, comentando de forma irônica as proposições de uma palavra oficial. Em relação ao relatório da IGPN* sobre a morte de Steve Maia Caniço, em 21 de junho de 2019, em Nantes, na sequência de uma intervenção policial contra um grupo de participantes numa noite de música eletrônica da Festa da Música no Quai de la Loire, encontramos comentários que fazem deturpações irônicas. Na legenda de um close de uma jovem com o olho inchado: "Esta jovem pegou uma pequena conjuntivite"; diante da cena mostrando um policial atirando gás de pimenta à queima-roupa no rosto de um manifestante em frente a uma loja da Sephora: "O policial estava oferecendo uma amostra grátis do novo perfume da Sephora"; comentando a foto de estudantes do ensino médio de Mantes-la-Jolie ajoelhados com as mãos para trás, voltados contra uma parede: "O campeonato mundial de *Batatinha Frita 1, 2, 3* aconteceu em uma atmosfera calorosa e amigável". Obviamente, essa diversão também tem uma finalidade acusatória.

Às vezes, também, a diversão gratuita de puro entretenimento consiste em lançar piadas (mesmo que sejam insultantes), farsas chamadas *hoax* (mesmo que causem ansiedade), blefes. Segundo o filósofo Pascal Engel, trata-se do que em inglês se chama *bullshit*, uma forma de jogar uma garrafa no mar para ver o que dá: o *bullshitter* não pede que acreditemos no que ele diz, mas que acreditemos nele.[254] É a atitude do "vale tudo" que consiste em zombar da verdade, de não se importar nem com o verdadeiro nem com o falso, da "tolice", que "se baseia no desejo de acreditar, de julgar e de pensar em função das vantagens desejadas, e não em função das razões corretas para se acreditar e julgar, que são as evidências e a busca da verdade".[255] Isso também faz parte de uma atitude compulsiva de "colegial" que não pode deixar de comentar qualquer coisa em primeira mão, sem refletir, ao mesmo tempo que a ela se opõe sistematicamente. Trata-se dos *vícios do saber*, diz Engel, que "implicam uma forma de desrespeito ou desprezo pela verdade e pelo saber".[256]

---

* N.T.: Inspeção Geral da Polícia Nacional.

Da "descrença"
à "credulidade"

A credulidade é definida nos dicionários como uma tendência mental que leva alguém, por falta de julgamento ou ingenuidade, a acreditar facilmente nas afirmações de outros, relacionadas a fatos ou ideias sem fundamento sério ou sem verosimilhança".[257] A crença é objeto de estudo em diversas disciplinas das ciências humanas e sociais. Na Psicologia Cognitiva, por exemplo, ela é estudada na interseção das diferentes funções cerebrais específicas do indivíduo (percepção sensorial, motricidade, planejamento, emoção, memória, reconhecimento de pessoas, linguagem), como um "processo consciente pelo qual um sujeito adere a percepções ou elaborações cognitivas não verificadas pelos sentidos".[258] Assim, observa-se que "incerteza, conflito interno, confiança e entusiasmo afetivos são estados mentais que, associados à força criadora da nossa inteligência, engendram a crença".[259]

SOMOS SERES "CRÉDULOS"

No entanto, convém notar aqui que, do ponto de vista da linguagem, é necessário distinguir crença e credulidade. Na linguagem comum, a crença é frequentemente entendida como remetendo ao domínio religioso, em relação com a fé ou com qualquer outro domínio do além. A credulidade, como define o dicionário, é reservada a uma mente que, sem pensar, "acredita" em tudo o que é dito. De nossa parte, na sequência de outros autores, vemos na crença uma categoria de saber, o *saber de crença*, que ultrapassa o quadro do religioso, construção subjetiva que se opõe ao saber científico, construção objetiva. Consideraremos, portanto, a credulidade como "uma atitude de aceitação do que é considerado verdade sem a menor reticência."

Como é que, de acordo com uma sondagem da Ipsos,* "cerca de 9 em cada 10 pessoas admitem já ter acreditado em informações falsas (ou informação mentirosa)"?[260] E por que é que, mesmo depois do estabelecimento dos fatos – o que se chama de checagem de fatos –, a notícia falsa continua a circular e a ser transmitida? A culpa pode ser atribuída ao "mundo digital", que permite a proliferação, por meio de várias redes, de informações imediatamente recebidas e retransmitidas por outras redes, provocando um efeito de acumulação, de dispersão viral, que serve de prova, por um efeito de "quanto mais se fala, mais é verdade":

> A cadência torrencial das informações, verdadeiras ou falsas, lançadas nas redes digitais leva, efetivamente, por uma espécie de efeito mecânico, a paralisar as formas de argumentação racional, a debilitar a capacidade de arbitrar entre verdades concorrentes e, portanto, a relativizar o estatuto da verdade, a ponto de minar a própria noção de verdade pública.[261]

Quando uma verdade se opõe a outra, o sujeito é colocado em uma situação de dupla coação: essa "justaposição paralisante"[262] o imobiliza. Ocorre um conflito cognitivo que obriga o sujeito a fazer um esforço de interpretação e traz à tona sua subjetividade sem considerar qualquer tentativa de racionalização. A credulidade é, de fato, parte, como diz Ran Halévi:

> das "verdades subjetivas", retiradas do exame racional, sem relação lógica com os fatos, e que abraçamos porque falam à nossa sensibilidade, porque fazem bem, porque estão de acordo com nossos preconceitos ou, simplesmente, porque parecem verdadeiras, ou que ganham a adesão de um grande número de pessoas.[263]

Seria preciso, portanto, confiar na ideia de que somos, por definição, seres ingênuos. Diversos trabalhos de psicologia social e de sociologia mostraram, por procedimentos experimentais e investigativos, os diversos mecanismos de funcionamento das atitudes de crença, incluindo a notável obra *La Démocratie des crédules*, de Gerald Bronner.[264] É que "o homem acredita mais facilmente no que ele prefere que seja verdadeiro".[265] Haveria um "querer acreditar", uma necessidade de uma narrativa unitária totalizante,

---

* N.T.: Instituto Ipsos é uma empresa de pesquisa e de inteligência de mercado, fundada na França.

abrangente, protetora, que corresponderia ao desejo de ouvir o que se deseja porque já se pensa assim, seja contra quem pensa diferente ("as pessoas acreditam que..."), seja com aqueles que pensam da mesma forma ("eu acho, como muitas pessoas, que..."). Incredulidade em uma ideia estabelecida, credulidade na ideia contrária. Por exemplo, incredulidade no discurso da ciência e credulidade no que se diz nas redes sociais contra esse discurso. A física Aleksandra Kroh, que se interessou por fraudes científicas, constata:

> Para que uma teoria científica provoque uma rejeição popular tão massiva, ou pelo menos para que ela suscite tantas dúvidas, é preciso que ela seja contrária à intuição profunda do homem, que ela ofenda suas crenças, seu bom senso, ou que ela seja percebida como uma ameaça a um grupo influente, dispondo dos meios para combatê-la.[266]

Uma espécie de eco de um "horizonte de expectativa" que permite conformar-se às próprias crenças e nelas refugiar-se, e que se torna surdo a qualquer objeção possível. Assim, a maioria votou a favor do Brexit, no Reino Unido, e em Ronald Trump, nos Estados Unidos, apesar – ou por causa – das contraverdades e das notícias falsas que circulavam em cada um desses países. Pascal já havia nos avisado:

> A arte de persuadir consiste tanto em concordar quanto em convencer, na medida em que os homens se governam mais pelo capricho do que pela razão.[267]

UMA VERDADE DO "ENTRE SI"

Isso tem o efeito de constituir, no imaginário, uma verdade do "entre si", que produz o fenômeno de veicular a mesma informação nas redes sociais, cada qual acreditando que faz parte da comunidade virtual daqueles que detêm a verdade, sendo a verdade dos que não pertencem a essa comunidade concebida como um perigo:

> Ao visar a "receptividade" de seus destinatários, suas emoções, seus preconceitos, suas paixões partidárias, [o poder das redes] contribuiu para a criação de comunidades virtuais, fechadas em si mesmas, isoladas umas das outras e fechadas em suas afinidades políticas e suas certezas ideológicas.[268]

Ocorre uma espécie de *pacto de inteligência* entre aqueles que divulgam uma informação contrária à explicação oficial e aqueles que a recebem, pois opor-se à dita explicação oficial seria demonstrar lucidez, "não se deixar enganar", porque dizem "onde há fumaça há fogo", porque as coincidências não são um fato do acaso ("Não é um acaso se...", dizem com certo ar de sabedoria), e que há uma intenção oculta ("tem caroço nesse angu"). E se os sujeitos estão na incerteza, na indecisão diante dessas mensagens, curiosamente optam por "uma interpretação mística em vez de racionalista".[269]

Como já foi apontado diversas vezes, a ideologia desempenha o mesmo papel. Apresenta-se como um sistema de explicação total, uma essencialização que oferece respostas a qualquer pergunta, e todos os que a ela aderem são, ao mesmo tempo, vítimas voluntárias e opressores, porque, é óbvio, "isso não pode ser de outra forma" e é preciso impô-lo aos outros. Estamos lidando aqui com o discurso absolutista e "tautológico",[270] característico dos grupos militantes radicais[271] e dos partidos totalitários que desconhecem o princípio da realidade, submetem a realidade a uma ideia, como evidenciado pelos julgamentos de Moscou e de Stalingrado, na Rússia de Stalin.[272] Basta que se tenha uma convicção absoluta, uma fé ou uma obsessão para que por um encadeamento lógico natural tudo o que a ela se oponha siga seu curso. Como disse Hannah Arendt:

> Como o pensamento ideológico é independente da realidade existente, ele considera tudo o que é factual como um artefato e, consequentemente, não conhece mais um critério confiável para distinguir verdade de falsidade.[273]

Efeito de criar tensão pela força de uma obviedade sem discussão, afirmada de forma categórica, "intangível e inevitável", segundo as qualificações de Foucault,[274] a tal ponto que, às vezes, o manipulador pode se apresentar com o rosto descoberto. Triunfo da subjetividade que é reforçada pelo estilo literário da autoficção.

A transmissão da mídia: a armadilha da "relevância"

A pós-verdade não diz respeito apenas às notícias falsas, mas compromete a informação destinada ao grande público. Cabe aos atores envolvidos proteger-se ou combatê-la. As contraverdades que são lançadas no espaço público a todos os cidadãos colocam um problema para a democracia no qual se inscrevem os chamados meios de comunicação tradicionais – imprensa escrita, rádio, televisão.

UM CONTRATO CIDADÃO E UM CÓDIGO DE ÉTICA

Se a democracia é definida como a expressão da soberania popular, é necessário que o povo esteja corretamente informado para poder exercer esse direito, estando o mais esclarecido possível sobre os assuntos da cidade. É aqui que a imprensa escrita, o rádio e a televisão entram em jogo como transmissores de informação ao cidadão, baseados no trabalho desenvolvido por jornalistas e por meios editoriais. Essa profissão é, em princípio, orientada por um código de ética que pode ser encontrado em diversos regulamentos, declarações e manuais.[275] Evidentemente, existe uma imprensa partidária ligada a partidos ou grupos militantes que buscam apenas servir à sua causa a despeito de toda veracidade, mas ela é facilmente identificada.

Os meios de comunicação lidam com os acontecimentos da vida social e política, em relação aos quais, historicamente, têm tido de garantir que as informações que divulgam são precisas. Isso faz parte do seu contrato e dos códigos em questão que colocam o "dever de verificação" no centro da atividade dessa profissão.

Cabe, portanto, aos meios de comunicação sérios fazer uma triagem entre o erro, o falso, o verdadeiro, que circulam nas redes sociais. A rapidez de intervenção dos internautas apaixonados por contraverdades é tamanha que os meios de comunicação tradicionais (imprensa escrita, rádio, televisão) se encontram no constrangimento de verificar, contradizer ou ignorar: "No momento em que a mentira aparece para alguns como a arma absoluta do debate público, a responsabilidade da mídia de publicar fatos exatos é mais essencial do que nunca para o funcionamento da democracia", afirma o relatório do Observatório de Ética da Informação.[276]

Isso não impede que observemos violações a esse código de ética, das quais os próprios profissionais se queixam.[277] Para retomar o caso já mencionado, de Sandra Muller que criou a hashtag *#balancetonporc* para denunciar Éric Brion, se os jornalistas tivessem feito um verdadeiro trabalho investigativo em vez de se deixar levar pela onda de denúncias de "assédio sexual", as imprecisões poderiam ter sido identificadas, o que teria posto em dúvida essa situação e, em última instância, esclarecido esse caso de impostura de uma pessoa que, fazendo-se passar por vítima, engana o público.[278] Da mesma forma, no também mencionado caso Baudis, a mídia se precipitou em dar grande visibilidade a esse rumor, permitindo que se instalasse o fantasma de uma grande conspiração.[279] A falsa afirmação já citada, segundo a qual a poluição do ar carregaria a covid-19, foi reproduzida por grande parte da imprensa italiana. E, para retomar o caso da mentira de Bush Jr. e Colin Powell sobre as armas de destruição em massa de Saddam Hussein, cabe lembrar que a imprensa americana considerou essa informação verdadeira quase que unanimemente.

Dever de verificação, portanto, sim, mas o que verificar? Jornais – e partidos políticos – há algum tempo trabalham para combater as *fake news*, dotando-se de rótulos de decodificação ("*désintox*" ou "*désinfox*").[280] Podemos verificar um fato do ponto de vista de sua veracidade: a existência de um evento (acidente, catástrofe natural ou sanitária, ato de guerra); sua descrição detalhada (número de mortos e feridos, quantificação dos danos); a autenticidade dos comentários feitos na ocasião (declarações de figuras políticas) ou dos documentos mostrados como provas de existência dos fatos, para identificar a exatidão ou a falsidade, o desvio, a descontextualização, a transformação. Podemos verificar se tal declaração de especialista é digna de fé ou não; isso requer apenas um jornalismo especializado. Em todos esses casos, pode-se buscar fazer retificações, desmentidos, denúncias de erros ou de mentiras, como fazem os rótulos de *fact cheking* citados.[281]

Podemos, também, nos dedicar – mas não se trata mais de notícias falsas em sentido estrito – a verificar se as promessas são realizáveis e, no longo prazo, são cumpridas, ou se as declarações dos responsáveis políticos acusados de prevaricação são falsas ou escondem um segredo de Estado (*Rainbow Warrior*, *Watergate*). Nesses casos, o jornalismo investigativo deve assumir a liderança com espírito de responsabilidade, e não de denúncia.

EFEITOS PERVERSOS

Mas, ao nos concentrarmos nas *fake news*, esquecemos o problema básico que está no cerne da informação midiática, a saber, ela é sempre o resultado de uma *construção*:

> Não são as informações que fazem o jornal, mas o jornal que faz a informação. E saber reunir quatro notícias diferentes significa oferecer ao leitor uma quinta.[282]

Vimos que a mídia participava de uma "manipulação involuntária", em razão de sua tendência a *superatualizar*, *superdramatizar*, produzir *explicações essencializantes* e expor a *conflitualidade*. A informação midiática é, portanto, o resultado de uma representação que impõe uma certa visão dos acontecimentos. Por outro lado, sabemos que essa construção não garante que ela será interpretada de acordo com a intenção da instância midiática.

O mundo é visto pelo prisma de sua representação e diversamente interpretado. É o chamado "efeito perverso" da informação. Isso deveria obrigar a mídia a se questionar não apenas sobre o que é uma informação, ladainha recorrente, mas sobre a utilidade e os possíveis efeitos dessa informação. Porque não se deve esquecer que os meios de comunicação têm mais autoridade do que as redes sociais.[283]

Basta que circule nas redes sociais a ideia de que existe um vínculo genético entre a origem étnica de certas populações e a covid-19 para que a mídia a repercuta e para que essa ideia se espalhe com seus efeitos discriminatórios. O desmentido favorece o rumor. A pretexto de desconstruir uma informação falsa, ou de informar a todo custo, dá-se visibilidade aos acontecimentos e aos discursos e não se controlam seus efeitos. É o paradoxo do "efeito luz". Deve-se dizer tudo, deve-se repetir tudo, deve-se mostrar tudo? A mídia não pode se refugiar atrás do direito de cada um de se expressar, como fez um diretor de notícias ao se dirigir a um jornalista que se culpabilizava por ter veiculado uma reportagem sobre a agressão de que foi vítima um septuagenário, evidenciando a insegurança que reina na França, o que teve o efeito de empurrar Jean-Marie Le Pen para o segundo turno das eleições presidenciais de 2002: "É um assunto de que se precisava falar porque é novidade",[284] disse ele.

Efeito perverso, quando a mídia lida com os movimentos comunitários salafistas que querem impor modos de ser e de dizer, dando-lhes uma visibilidade tal que se tem a impressão de que representam o conjunto de uma população. Efeito perverso, quando a mídia destaca fatos dramáticos, mas singulares ou minoritários, e os amplifica apresentando-os em uma generalização.[285] Efeitos perversos, quando a mídia veicula os protestos de certos grupos que reivindicam seus direitos sem mencionar seus deveres. Não é que seja necessário evitar falar sobre isso, mas é preciso saber distinguir entre as causas, a sua radicalidade e seu conteúdo: é a questão do *como* falamos sobre eles. Por exemplo, é politicamente importante que os movimentos de cidadãos obriguem a França a se questionar sobre seu passado colonial, que os grupos que representam as minorias étnicas e sexuais se façam ouvir, pois é sua liberdade que está em jogo, mas é necessário falar disso de outra forma e não focando apenas na emergência deles e reproduzindo seu vocabulário, como é o caso da palavra "sistêmico", que é constantemente utilizada em conexão com atos racistas, dando a impressão, por generalização, de que a totalidade de uma categoria social é afetada pelo mesmo vício: racismo sistêmico, e todas as instituições ou todos os brancos são racistas; violência sistêmica, e todos os policiais são violentos; sexismo sistêmico, e todos os homens são sexistas. A falta de tempo para reflexão é um fator de desinformação.

Efeito perverso, ainda, quando, a pretexto de ecoar o que se diz no espaço público, em nome da liberdade de expressão, os meios de comunicação destacam palavras duvidosas. Esse foi, entre outros, o caso da contestação do acidente aéreo no Pentágono, em abril de 2002, do qual já falamos, pois foi a partir do momento em que o apresentador Thierry Ardisson convida Thierry Meyssan, em seu programa *Tout le monde en parle*, para falar sobre seus dois livros, *L'Effroyable imposture* e *Le Pentagate*, que se desenvolveu a ideia de que os atentados de 11 de setembro de 2001 foram organizados pelos próprios americanos. O risco para a mídia é de, sem necessariamente querer, mas, às vezes, pelo gosto pela dramatização, "acobertar" essas contraverdades, para usar as palavras de Dominique Cardon.[286]

Efeito perverso, também, quando a mídia expõe ostensivamente as palavras de provocadores, como Eric Zemmour, que, como sabemos, não tem outra legitimidade senão a da mídia. Ele não é nem um político com responsabilidades em um partido (nisso ele difere de Jean-Marie Le Pen), em uma comunidade local ou em um governo, nem um filósofo, nem um historiador (apesar de trabalhos sobre a história da França que não são considerados científicos), nem economista, nem cientista político, nem sociólogo, nem intelectual que desenvolveu um pensamento sobre os fenômenos da sociedade. De família judia, *pied-noir*,* Zemmour é jornalista, como atesta a sua carreira na imprensa escrita (*Le Quotidien de Paris, Le Figaro, Le Figaro Magazine, Valeurs Actuelles*) e na rádio (cronista da RTL). E, acrescentaremos, um jornalista *panfletário*, que deve sua notoriedade e seu sucesso de público à posição de polemista, jogando no ataque *ad personam* daqueles que ele considera seus adversários, com a ajuda de injúrias, insultos, estigmatização e uma retórica característica do discurso populista, como vimos anteriormente por ocasião da manipulação pelo medo: estratégia de *desvelamento* ("Eu te digo o que te escondem) e de *vitimização* dos outros e de si mesmo, reforçando, assim, por efeito de retorno, suas verdades ("Se sou atacado é porque o que digo é verdade"). Gérard Noiriel que, em *Le Venin dans la plume*,[287] traça um paralelo entre Drumont e Zemmour, confirma:

> A multiplicação das polêmicas que suscitam essas provocações tem a função de colocar o debate no terreno onde nossos panfletários estão seguros de ter a última palavra, pois se apresentam como vítimas injustamente condenadas porque dizem verdades que os dominantes não querem ouvir.[288]

A questão que se coloca para a mídia é de saber se se deve convidar esses polemistas, deixá-los espalhar seus comentários difamatórios

---
* N.T.: Termo usado para referir-se aos cidadãos franceses nascidos na Argélia.

acompanhados de contraverdades ou se não seria melhor impedir seu acesso aos meios de comunicação de massa. Noiriel lembra, em seu livro, que a CSA criticou o canal Paris Première, após as declarações de Eric Zemmour, consideradas "estigmatizantes em relação aos migrantes de confissão muçulmana" e suscetíveis de "incitar o ódio ou a violência em relação a uma população expressamente por motivos religiosos".[289]

Paralelamente ao trabalho de desconstrução, há a questão da exatidão de uma informação em termos de seu efeito. Porém, como já dissemos sobre o discurso manipulatório involuntário, os meios de comunicação ficam presos entre o contrato que os legitima, ou seja, relatar os fatos com a maior precisão possível, oferecendo explicações razoáveis e esclarecidas, e a necessidade de captar leitores, ouvintes e telespectadores, realizando representações da informação, centrando nos temas mais destacados, dramatizando a apresentação, espectacularizando a polêmica, enfim, satisfazendo a "sociedade do espetáculo" de que fala Guy Debord.[290] Estudar o conspiracionismo, portanto, equivale a questionar as redes sociais, mas também a mídia que os veicula.[291]

A mídia está presa na armadilha de uma série de injunções contraditórias: neutralidade de julgamento para garantir sua credibilidade, por um lado, engajamento crítico em desvelar o que está oculto, por outro (as palavras *decifrar*, *deciframento* fazem sucesso); distância em relação ao mundo político para não se deixar influenciar por discursos partidários, mas proximidade com esse mundo para dele tirar segredos; dar voz aos polemistas, mas esclarecer o público por meio de uma saudável controvérsia; revelar escândalos, mas evitar a proliferação de contraverdades; desconstruir as *fake news* das redes sociais, mas evitar dar-lhes visibilidade. Equilíbrio difícil de manter nesta armadilha da paixão contra a razão que deveria, no entanto, levar a mídia a se questionar constantemente sobre sua forma de informar sem denegação.[292]

Vemos qual pode ser a responsabilidade da mídia que, ávida de declarações iconoclastas e debates conflitantes, pode dar voz às contraverdades que se sucedem sem distinção de *status*, sem possibilidade de reflexão: como já dissemos antes, a falta de tempo para a reflexão é um fator de desinformação. Responsabilidade, portanto, mas, talvez, uma responsabilidade à revelia, diz Jean Baudrillard, na medida em que "os meios de comunicação não são responsáveis, eles propagam a irresponsabilidade, que é hoje o nosso modo de solidariedade coletiva".[293]

O triunfo da negação: "mentem para nós"

As contraverdades são, de uma forma ou de outra, um triunfo da negação ou, mais exatamente, como fomos levados a dizer anteriormente, um triunfo da negatividade: a negação, explícita ou implícita, as verdades do mundo com efeito de impostura. O que faz com que qualquer movimento de credulidade parta de uma incredulidade: diante da desordem do mundo, do complexo e da incerteza, o indivíduo se refugia na crença de que a verdade se encontra na negação, na recusa, na rejeição, à qual ele opõe a ordem, o simples, o único, gerando uma divisão entre o verdadeiro e o falso, os bons e os maus, os poderosos e os fracos, os dominantes e os dominados, o bem e o mal. Um estado de espírito maniqueísta que conduz à conspiração. Como vimos com a credulidade, a notícia falsa tem ainda mais efeito dado que ela responde a um horizonte de expectativa, a uma "convicção preestabelecida",[294] na medida em que se insere na trama do que existe, nos imaginários que estruturam o pensamento e atuam como receptáculos de boas-vindas. Às vezes, essa negatividade até antecipa, ou mesmo provoca, essa expectativa, que é o objetivo dos comentários racistas, antissemitas, negacionistas. Assim, a negação ou o simples questionamento do que é dado como verdade pode ter – e tem – sucesso: "Numa época em que somos confrontados com tantas incertezas, o poder das ideias negativas, o da recusa e da rejeição, impõe-se",[295] considera Pierre Rosanvallon. Obviamente, nem os emissores de contraverdades, nem os receptores que delas se alimentam não querem ou não podem reconhecê-la.

NÃO SER TOLO

Os transmissores de contraverdades, quando não agem por convicção – pois o convicto está persuadido de que o que ele acredita é verdadeiro –, por jogo perverso ou pelo prazer de colocar lenha na fogueira do debate público, justificam-se dizendo que não escondem a verdade, que dizem o que realmente é e que não têm nada a lucrar revelando o que os outros escondem, especialmente aqueles que têm poder. Eles se dão por missão ir contra o politicamente correto e difundir a ideia de que "estamos sendo enganados". Eles se consideram denunciantes, reveladores da verdade, o que é um tanto paradoxal, porque os verdadeiros denunciantes revelam verdades ocultadas pelo poder do Estado ou pelos lobistas, que, em seguida, são confirmadas.[296] "Eu, pelo menos, não sou tolo", pensam.

De maneira mais cínica, podem também justificar a sua contraverdade – que eles apresentam como verdade –, assumindo sua posição dissidente na consonância das opiniões comuns, como o candidato às eleições europeias que defendeu um ponto de vista diferente dos comentários jornalísticos e declarando na rádio France-Inter: "Temos o direito de ter uma opinião diferente da dos jornalistas". E sabemos que, durante as campanhas eleitorais, em que todos os golpes são permitidos, deixamos circular informações falsas, as chamadas revelações sobre o adversário, capazes de desacreditá-lo, como fizeram nas eleições americanas os partidários de Donald Trump. Dessa forma, cada um pode apresentar o que deseja (sem que se considere que ele realmente mente) e, assim, ele expõe sua pessoa, se faz conhecer, glorifica-se como um combatente das mentiras do mundo, quando na verdade ele é sua fonte.

ACREDITAR NO QUE SE QUER ACREDITAR

Do lado dos receptores, falamos sobre um "horizonte de expectativa". Aqui está uma antologia de algumas ideias preconcebidas que circulam na sociedade: "As pessoas não querem mais trabalhar. Preferem ser assistidas, receber RSA ou seguro-desemprego"; "Os empregados querem nossa pele", dizem por um lado, e "Os chefes só pensam nas suas opções de ações", dizem por outro lado. "Os funcionários públicos não são produtivos"; "Os professores não fazem nada. Eles passam metade do ano de férias. Eles colocam os jovens contra as empresas", dizem quando estamos no setor privado; "Os sindicatos são um obstáculo para a sociedade", afirmam os o empregadores; "Isso é o pequeno mundo político-sindical parisiense", dizem quando se vive no interior.

Quando os destinatários dessas mensagens se justificam, encontramos os mesmos argumentos: ser aquele que "não está sendo enganado", como prova de inteligência. Ser aquele que pensa que todo poder é suspeito e, portanto, que "estamos sendo enganados", sem saber exatamente quem mente. E, depois, como último recurso, diante de uma dúvida: "Em todo caso, é a minha opinião". E se os acontecimentos parecem confirmar minha opinião, triunfo: "Eu avisei". Ao mesmo tempo, há um sentimento de emancipação em relação à tutela dos meios de comunicação que leva a crer que "nós, pelo menos, sabemos o que os jornais não dizem". E, se por acaso, apontamos que seria talvez necessário verificar o que se diz nas redes sociais, vemos uma relutância em fazê-lo, como se se engajar na refutação fosse mudar de opinião. De qualquer maneira, mesmo que se prove o contrário, não importa porque "É falso, mas poderia ser verdadeiro", como diria Umberto Eco.[297]

* * *

Para responder à pergunta que fizemos na introdução sobre a natureza da transformação que opera a partícula *pós*, diremos que se trata de uma posição de ruptura que tende a substituir o estado de verdade. Mas o estado de verdade continua possível, ainda não foi apagado. Trata-se de uma atitude de declarar o falso-verdadeiro que, no espaço público, gostaria de se impor sobre qualquer outra verdade:

> Quando estamos convencidos de que certas ações são de necessidade vital para nós, não mais importa se essa crença é baseada na mentira ou na verdade; a verdade em que se pode confiar desaparece inteiramente da vida pública, e com ela desaparece o principal fator de estabilidade no movimento perpétuo das questões humanas.[298]

CONCLUSÃO: O TEMPO DAS CRISES

O tempo das crises
"Falar de normas da razão, de ética do saber, de virtudes intelectuais não é um discurso que deva ser reservado a claustros, igrejas, capelas e templos [...].
É sobre sanidade mental, decência espiritual e ideal."

Pascal Engel, *Les Vices du savoir*

Aqui nos deparamos com as possíveis consequências da famosa frase de Nietzsche: "Não existem fatos, existem apenas interpretações". Com efeito, o que seria o mundo se a ausência de fatos se tornasse a regra? No entanto, dizer que só existem interpretações não leva a exonerar-se da verdade, pelo menos daquilo que pode ser dado como verdade de acordo com o cenário que descrevemos. Aliás, o que Nietzsche sugere é simplesmente que os fatos concretos não significam nada. Se toda verdade pode ser discutida, existem procedimentos de prova e verificação que permitem estabelecê-la, ainda que provisoriamente, com a consciência de aderir a ela e de respeitá-la. Coloca-se, então, um problema moral para os indivíduos e para a democracia. Efetivamente, podemos pensar que

> assim que se passar a considerar sem grande importância negligenciar a verdade, a se considerar sem grande gravidade fabricar notícias falsas, a difundir massivamente besteiras, a admirar obras só porque os outros as consideram admiráveis, entramos, então, na degradação do espírito.[299]

Há uma falta de ética aqui, uma "omissão de exercer o próprio julgamento e sua liberdade intelectual, [...] na medida em que se testemunha uma confusão quanto às normas da crença e do julgamento que conduzem a uma perversão dos objetivos da vida intelectual".[300]

UMA CRISE DE COMUNICAÇÃO

Nossa chamada era pós-moderna se depara com uma multiplicidade de canais de informação em meio aos quais a verdade tem dificuldade de encontrar um lugar. O surgimento das novas tecnologias de comunicação digital gerou redes sociais que multiplicam e fragmentam as fontes de informação, aumentam e propagam com a maior celeridade as informações de todos os países, criando confusão entre o verdadeiro e o falso, o plausível e o simulacro, o possível e o impossível, instaurando uma comunicação entre estranhos, anônimos, o que tem por efeito manter um espírito de desconfiança.

Não se pode globalizar as redes sociais, nem do ponto de vista do seu funcionamento, nem do ponto de vista das mensagens que elas veiculam, nem do ponto de vista de seus efeitos. Facebook, Youtube, Instagram,

Twitter e outros blogs coletivos ou individuais não estabelecem os mesmos tipos de laços sociais. Alguns são fechados em si mesmos; constituem uma pequena comunidade virtual, como observa Dominique Pasquier:

> as trocas acontecem com interlocutores que se conhecem diretamente (amigos) ou indiretamente (amigos de amigos). A internet, portanto, não é mais um lugar de abertura social, mas sim um lugar de entre-si.[301]

Outras são abertas a todos, e as mensagens são imediatamente retransmitidas e despachadas para outras redes. Circulam, assim, todo tipo de discurso relativo à vida íntima, cotidiana e familiar, profissional, opinando sobre tudo o que se refere à vida social e política e aproveitando para denunciar e acertar contas. Às vezes, seus autores se escondem, às vezes, revelam-se, seja para contar sua história e se fazer existir, seja para se apresentar, de fato, como formadores de opinião, formando coletivos que compartilharão as mesmas ideias. Essas redes também têm, aliás, efeitos positivos: a possibilidade de estabelecer vínculos a distância, de criar grupos de conversação entre membros de famílias desfeitas, entre amigos, entre colegas de trabalho, que podem desenvolver relações de apoio; a possibilidade de fazer ouvir a sua opinião como cidadão. Elas servem para alertar contra o uso de certos produtos cujos efeitos na saúde humana e no meio ambiente se revelam prejudiciais – pesticidas, OGM,* desreguladores endócrinos, comidas processadas – e para identificar os responsáveis que são as empresas químicas, farmacêuticas, agroalimentares, os *lobbies* e aqueles que, escondidos nas sombras, são os promotores em benefício próprio.

Esse fenômeno tem sido visto como uma reviravolta da vida social com o surgimento de novas formas de inter-relação cidadã, de uma demanda de participação nos assuntos da pólis e, portanto, de uma democracia mais horizontal.[302] Não entraremos nesse debate. As redes sociais têm seu lado de sombra e seu lado de luz. Mas o problema é que, com a transmissão da mídia, elas destacam de maneira obsessiva o lado sombrio da sociedade humana: denúncia, linchamento (cancelamento), vingança, assédio, insultos, acusações falsas, vitimização infundada.

---

* N.T.: Organismos geneticamente modificados.

Na verdade, o que impulsiona essa comunicação é ser contra.[303] Poder dizer "A culpa é": do governo, do Estado, dos americanos,[304] dos chineses,[305] dos imigrantes, dos policiais. A partir daí, a impressão para alguns de que a verdade, doravante, pode se encontrar nas redes sociais. Consequentemente, surgem as explosões de violência. O menor incidente entre jovens da periferia e policiais provoca as redes sociais com acusações prévias a qualquer apuração e uma descrição dramatizada dos fatos que não sabemos se corresponde à realidade. O outro é apenas um inimigo: "A melhor forma de afirmar sua verdade é tratar seu próximo como mentiroso", diz Maurizio Ferraris[306] – ou como "ingênuo", acrescentaremos, pois, como dizem alguns conspiracionistas: "Só quero a verdade". Isso não significa alteridade, pois essa postura está voltada para o próprio sujeito falante. Ela deveria ser marca de inteligência, como já foi dito, mostrar que não se é tolo, que não se deixa enganar por forças enganosas. É o reino da suspeita, da paranoia, das fontes de conspiracionismo e de fabricação de bodes expiatórios que aparecem em cada grande crise.

Nesse estado, o indivíduo, perdido, desamparado, busca apenas consolidar sua própria opinião, sua própria visão do mundo, o que está de acordo com suas expectativas, sua crença, como o famoso peru de Russell que, acostumado ao fato de que todas as manhãs, às nove horas, traziam-lhe a comida, ele se confortava com a ideia de que assim devia ser sempre, até o dia de Natal, que se revelou catastrófico para ele.[307] E é assim que o indivíduo passa a se dar o direito de "ser ele mesmo", de expressar sua própria opinião ("É minha opinião") e, diante da contradição, devolver um "É o que eu penso de qualquer maneira". Daí resulta não um diálogo – não há "falar a", "falar com", apenas "falar para si mesmo" –, mas uma colisão de opiniões, ou uma onda de opiniões paralelas. A partir daí, abre-se uma avenida a todas as manipulações. Mentira, certamente, mas não só: denegações, má-fé, imposturas e "verdades alternativas". Pois nem sempre se trata de um desejo de esconder a verdade, mas de um jogo que, por convicção, prazer ou fraqueza, consiste em inventar, em dizer o contrário do que é, em dizer qualquer coisa, porque "é a meu bel-prazer". Essa, talvez, seja a razão pela qual o sociólogo Dominique Cardon julga que os efeitos das *fake news* são fracos, que não estamos "num sistema de efeitos fortes" porque a informação é "difratada".[308]

UMA CRISE DA VERDADE

A pós-verdade está no negativo, na rejeição do sentido, no que Pascal Engel chama de impertinência da "besteira":

> O disparate como produto é um tipo de ato de fala que é aparentemente uma afirmação, ou parece ser baseado em afirmações, mas que, intencionalmente ou não, não respeita a norma da afirmação.[309]

Esses discursos que se apresentam como verdadeiros, negando a verdade comprovada, não pretendem dizer a verdade, mas sim criar um universo de negatividade que, por sua força emocional, é suscetível de ter o maior eco possível em ressonância com as crenças de cada um. Nesse excesso de negatividade que pretende ser verdade,

> O verdadeiro se desvanece no mais verdadeiro, no muito verdadeiro para ser verdade – esse é o reino da simulação. O falso é reabsorvido pelo falso demais – é o fim da ilusão estética.[310]

De fato, na pós-verdade, estaríamos no "fora da verdade", que tem menos a ver com a mentira do que com o "tudo possível", o "tudo dizível". Uma indiferença pela verdade que se tornou "não essencial". Essa seria a marca registrada de nossa era pós-moderna. Estamos na "era da incerteza", diz ainda Baudrillard,

> na era da indistinção entre o verdadeiro e o falso [que] invade todos os registros: o estético da obra de arte, o histórico da objetividade, da memória, o político da opinião e até mesmo o registro científico da prova [...]. Mesmo no domínio histórico, a objetividade pode ser contaminada por uma espécie de vírus que hoje permite o enunciado de uma dúvida sobre a realidade das câmaras de gás – mesmo violentamente negada, essa dúvida repercute nas consciências.[311]

Diferentemente do que acontece em regimes totalitários, esse mundo de "fora da verdade" não se configura como um sistema e não é teorizado. Em vez disso, opera no "vale tudo" de um saber que se constrói na horizontalidade das interações sem retorno, contra a verticalidade descendente do saber científico. Não estamos no "neofalar", na "novilíngua" de George Orwell, apesar da comparação que às vezes se faz, e nem naquilo que Victor

Klemperer denuncia: "As palavras podem ser como minúsculas doses de arsênico: nós as engolimos sem ter cuidado, elas parecem não fazer nenhum mal, e eis que, depois de algum tempo, o efeito tóxico se faz sentir ".[312] Nessa logorreia do "tudo dizível", não se trata, como na novilíngua, de fazer desaparecer palavras incômodas, nem de redefinir as palavras da política em um único sentido, nem de livrar as palavras científicas de toda ambiguidade, a fim de reduzir as possibilidades do pensamento crítico e de melhor manipular os indivíduos, impondo uma única verdade sem que eles percebam. A linguagem da pós-verdade, ao contrário, faz proliferar as palavras, esvaziando-as de seu sentido.

Não se trata, tampouco, de discursos utópicos. As proposições alternativas da pós-verdade não são utópicas. As utopias "valem pela reserva de possibilidades que sua capacidade projetiva revela. Pois seu descentramento, seu 'não lugar', por sua vez, ilumina os limites dentro dos quais vivemos e nos movemos",[313] afirma Revault d'Allonnes. As utopias criam um mundo imaginado na ordem do possível e do realizável, motor de grandes paixões e das grandes descobertas. A utopia pode ser considerada como extravagante, ilusória, mas ela define um ideal positivo, ela serve para "fazer sentido", como diz Roland Barthes.[314] A pós-verdade constitui de preferência "o que é comumente chamado de 'distopia': em outras palavras, uma contrautopia ou uma antiutopia, que leva ao extremo a imaginação de uma sociedade regida pelo pior".[315]

UMA CRISE DE SABER

Parece que o alicerce desses jogos de contestação da verdade é uma crise do saber. Não do saber em si, do que a humanidade sabe em nossa época. Ela sabe – nós sabemos – muito mais do que no passado. Sabemos mais do que ontem sobre a superfície da Terra, o fundo dos oceanos, a composição da atmosfera, os órgãos do corpo, a mecanização que se tornou digital.[316] Ainda sabemos pouco sobre a complexidade do mundo e dos seres humanos, mas o saber não para de progredir. Se existe uma crise, é na relação dos indivíduos com o saber, numa atitude de querer fazer prevalecer um saber intuitivo, um saber de bom senso, um saber de opinião, um saber partidário sobre qualquer saber que se apresente como saber de referência. Em outras palavras, fazer prevalecer os saberes de crença pessoal sobre os saberes de conhecimento.

E, portanto, questionar qualquer discurso de especialista. A começar pela fala do professor na escola que é posta em dúvida pelos alunos, os quais confiam mais em sites (Wikipédia), blogs e redes sociais. Depois, a de especialistas ou cientistas: recusa ou contestação do saber sobre o cosmos, sobre as vacinas, sobre a biologia, sobre a economia, sobre o clima, sobre os dados das diferentes disciplinas e mesmo sobre os fatos da realidade, não obstante, verificáveis. Os especialistas e cientistas não estariam seguros de seus resultados, eles se contradiriam ou estariam a serviço de interesses financeiros. Trata-se de colocar em dúvida, até de destruir essa autoridade da ciência que representa "um desejo pelo poder do conhecimento", para retomar as palavras de Michel Foucault, afastando-se, ironizando, não levando nada a sério, pois, de todo modo, "a ciência é manipuladora". Ao mesmo tempo, uma "falsa ciência" está se desenvolvendo. Cerca de 20 veículos de comunicação investigaram essa ciência da falsificação e encontraram por volta de 10.000 periódicos que divulgam artigos científicos falsos, o que tem o efeito de enganar autoridades, empresas e até mesmo instituições científicas: "É um mal discreto que corrói silenciosamente a ciência e que se espalha com uma inquietante celeridade. Há pouco menos de uma década, entidades pouco escrupulosas criaram um sem-número de revistas científicas falsas que aceitam publicar, em troca de pagamentos, trabalhos às vezes frágeis e até mesmo completamente fraudulentos ou fantasiosos".[317] Felizmente, existem periódicos sérios que estão dispostos a retirar artigos depois de tê-los publicados, quando a falsidade, imprecisão ou incompletude do estudo for comprovada, como aconteceu recentemente em um artigo da revista *The Lancet* sobre um estudo questionando o tratamento da covid-19 com hidroxicloroquina.[318]

Assim, lança-se um descrédito sobre a palavra do especialista e sobre os meios de comunicação que a representam, o que justificaria a produção de outros discursos, em outros lugares, estes últimos partidários, instituindo, assim, um *contrassaber* que pretende ser legítimo. Contesta-se qualquer autoridade de saber e dessacraliza-se o discurso científico ao qual negamos a possibilidade de ser objetivo, já que tudo é subjetivo e tudo é interpretação. Alguns filmes de ficção científica apocalípticos[319] – ecoados por "colapsologistas" modernos – retratam a derrocada da sociedade: um vírus dizima o mundo, um vírus em cuja origem estariam os homens por terem deixado se dominar por suas experiências ou porque tramaram um complô, um vírus que provoca uma pandemia e cujos sobreviventes acabam triunfando com a ajuda de alguns heróis solitários que agiram independentemente dos cientistas. Esses filmes contribuem para criar um espírito de desconfiança em relação à ciência e à medicina e para fazer com que os indivíduos voltem sua confiança para os heróis do cotidiano que contrariam os cálculos dos cientistas. Uma lógica do "natural" e do "senso comum" substitui a lógica científica, como ouvimos durante a controvérsia em torno do epidemiologista Didier Raoult e da hidroxicloroquina. Uma dupla contradição: do lado da ciência, entre a incerteza e a urgência terapêutica, do lado da população, entre a impressão do saber e a ignorância. Isso seria proveniente do fato de que "o descompasso entre o conhecimento científico e o que as pessoas sabem sobre ele está aumentando",[320] sugere o biólogo Eric Karsenti.

Crise de saber, portanto, porque nos encontramos em redes de discurso destituídos de sentido, onde, repetimos, "nada é verdadeiro", "tudo é possível" e, portanto, num "fora da verdade" onde o verdadeiro e o falso são *difratados*.

UMA CRISE DE CONFIANÇA

É aqui que surge o perigo para a democracia. O funcionamento democrático é de ordem horizontal em nome da igualdade de direito e da dignidade dos cidadãos. A circulação do discurso é, portanto, livre para fins deliberativos e, assim, se opõe, mas de forma complementar à verticalidade que impõe a ordem da República, cujo "bem comum" é regulado de cima para baixo. Por meio do processo de delegação de poder pela soberania popular, a democracia se baseia na confiança. Certamente, observa-se que a crise de confiança não data de hoje, mas há momentos em que, por razões diversas, ela se acentua. Hannah Arendt nos lembra disso a propósito do caso dos *Pentagon Papers*, do início da década de 1970, nos Estados Unidos: "A célebre crise de confiança no governo, que vivemos há seis longos anos, de repente assumiu proporções enormes".[321]

Em nossa época de dúvida generalizada frente aos problemas sociais e às catástrofes naturais e sanitárias, as pesquisas testemunham a forte desconfiança que as populações nutrem em relação aos poderes políticos na Europa. O *Barômetro da Credibilidade Política*, realizado pelo instituto OpinionWay, entre o final de janeiro e meados de fevereiro de 2020, junto às populações francesa, alemã e britânica atesta que em nenhum desses países se atinge 50% de confiança (com exceção dos prefeitos), a França batendo os recordes de descrédito em relação aos governantes, à Assembleia Nacional, à União Europeia e aos partidos políticos.[322] Uma enquete realizada por um laboratório de pesquisa junto a indivíduos que apoiam o professor Raoult e membros de grupos do Facebook a ele dedicados mostra "sua grande desconfiança em relação às principais figuras de autoridade, tanto políticas quanto midiáticas: 90% não confiam nem nos partidos políticos nem na instituição presidencial". Além disso, "96% dos entrevistados [entre os membros de grupos do Facebook dedicados ao professor Raoult] concordam com a ideia de que a grande mídia está escondendo coisas dos cidadãos; 75% se informam principalmente pelas redes sociais; 71% "prefeririam ser representados por um cidadão comum"; 89% pensam que "o Ministério da Saúde está em conluio com a indústria farmacêutica para esconder a realidade sobre a nocividade das vacinas"; por fim, é nessa mesma população que encontramos aqueles "que adotam a teoria da 'grande substituição' (42%)" e que são os mais climatocéticos (40%).[323] Tomaremos essas pesquisas com cautela, pelas razões que apresentamos anteriormente, mas vemos que as desconfianças em relação às diversas instituições se acumulam.[324]

Para que haja um pacto de confiança, é necessário, primeiro, que o povo seja informado e bem informado. Um direito à informação que coloca problema na medida em que, como vimos, receber informação não é prova de saber. É necessário exercitar uma reflexão que leve a uma certa interpretação. E uma vez que a reflexão depende das possibilidades cognitivas dos indivíduos e de sua formação, combinadas com sua própria história afetiva e a influência dos ambientes em que eles se movem, as interpretações são diversas e, às vezes, entram em conflito. Os saberes resultantes são, portanto, desiguais. Mas é preciso, também, sensibilizar os cidadãos para reconhecer a complexidade dos saberes e, para isso, imaginar formas de participação lúcida nos assuntos da cidade, para que possam deliberar, ou seja, trocar pontos de vista e fazer com que suas reivindicações sejam ouvidas. Empreitada difícil, já que é aqui que entram em jogo as relações de influência e as possíveis manipulações entre grupos sociais. Quanto a poder decidir – pois deliberar não é decidir –, deparamo-nos com duas condições: a de ter as competências técnicas necessárias para a condução da vida política e a de poder atuar diretamente – e em comum – sem estar no comando do navio estatal.

Como resultado, as relações entre os dirigentes e o povo sofrem uma dupla pressão. Do lado das autoridades, o dever de informar e orientar os cidadãos, mas, ao mesmo tempo, oferecer liberdade ao seu papel de fiscalização e contestação e ouvi-los. Do lado do cidadão, o dever de confiar, pelo fato de seu ato de delegação do poder, pois, como nos lembra Bernard Manin, "o princípio de toda autoridade legítima deriva do consentimento daqueles sobre os quais é ela é exercida, ou, em outras palavras, os indivíduos só estão obrigados pelo que consentiram".[325] Mas, ao mesmo tempo, o direito de fiscalizar e contestar, numa temporalidade que não é, porém, a mesma que a do exercício do poder. É essa dupla pressão de ambos os lados que inocula o veneno da desconfiança.

Ora, o predomínio da desconfiança – como podemos constatar nos momentos de crise sanitária – destrói o princípio de confiança que está no cerne da relação entre o poder e o povo e no meio da qual intervém o poder financeiro. Um jogo de influências cruzadas e paradoxais entre um poder político que afirma ouvir o povo, mas se impõe à opinião cidadã, um poder financeiro que pretende situar-se fora da política e, no entanto, se impõe ao poder político e à opinião, e uma opinião cidadã que não acredita mais nas promessas do poder político, vê corrupção em toda parte, tende a fechar-se nas reivindicações identitárias (étnicas, religiosas, sexuais) e demanda, entretanto, mais proteção ao Estado. Diz Arnaud Mercier que isso é um sintoma

> de uma crise de confiança de muitos governados em relação àqueles que eles percebem como elites, como conhecedores, contra aqueles que eles sentem que estão lhes dando uma lição, pois afirmam estabelecer as regras do debate democrático no reconhecimento mútuo da veracidade dos fatos.[326]

Talvez esteja aí o sinal desta "pós-democracia" marcada pelo neoliberalismo que Colin Crouch define.[327]

Mas como toda sociedade vive em tensões opostas, as de nosso tempo estariam atravessadas por dois desejos ao mesmo tempo contraditórios e associados, como pensa o filósofo B. Williams:[328] por um lado, haveria um desejo de veracidade, de transparência, por outro lado, um desejo de não ser enganado, de não ser ingênuo. Essa conjunção de opostos alimenta uma desconfiança de tudo o que se apresenta como uma verdade a que seria necessário se submeter e, portanto, provoca o desejo, muito platônico, de atravessar as aparências. Esses dois desejos contraditórios que produzem, ao mesmo tempo, apego à verdade e suspeita se entrelaçam de maneira consubstancial. E é nessa mistura que os fornecedores de contraverdades fomentam o negacionismo, o "conspiracionismo" ou simplesmente a confusão.

* * *

Ao final desse percurso, nos territórios da verdade, da negação e da manipulação, vemos que, se muito é feito através da linguagem, não se pode dizer que qualquer ato de persuasão pode ser considerado manipulatório por definição. Se a vida em sociedade implica que as relações de força que devem ser gerenciadas levam os indivíduos a jogos de palavra interativos de persuasão e de sedução, isso não significa que esses jogos sejam portadores de contraverdades e de impostura. Obviamente, nenhum sujeito é perfeitamente puro de intenção manipulatória. Nem sempre se escapa ao encanto da mentira, da má-fé, da denegação e nem sempre se está consciente disso. Ao mesmo tempo, o sujeito brinca com figuras de verdade e negação. Mas vemos que o discurso manipulador é impulsionado por duas molas: a oposição aos fatos e aos saberes estabelecidos (contraverdade) e o desejo de divulgar e de impor essas contraverdades (impostura). Se, no entanto, é a verdade que é visada, vemos que ela é marcada com o selo de contradição: a verdade para ser verdade só pode ser absoluta e, portanto, externa ao sujeito; ora, isso só pode ser alcançado por meio de suas crenças. Segue-se uma tensão permanente entre saberes de conhecimento e saberes de crença.

Lembremos que todo ato de fala se inscreve e ganha sentido em uma relação de reciprocidade assimétrica entre um Eu e um Tu, cada um dependendo do outro em função da sua imagem. Para resolver essa diferença na alteridade, um jogo de regulação instaura-se entre eles a fim de estabelecer uma relativa intercompreensão. Essa tentativa de intercompreensão ocorre no cruzamento de um dizer (Eu) e de um crer (Tu), de um dizível (o que é possível dizer) e um crível (o que é possível de acreditar). Assim, verdade e negação são da responsabilidade de um sujeito que se baseia em sua história de determinações sociais e do desejo de se libertar delas. É preciso, portanto, devolver a manipulação ao sujeito com sua identidade pessoal e social, e não à sociedade, entidade abstrata.

O que caracteriza o discurso manipulatório é justamente que com ele a comunicação rompe com os princípios de pertinência e de alteridade: de pertinência, uma vez que o sujeito manipulador é movido por uma negatividade diante das diferentes formas de verdade; de ausência de alteridade, visto que o outro, o manipulado, existe apenas como um receptáculo que deve registrar e aceitar sem reação crítica o que o manipulador diz. O discurso manipulatório, como vimos, é uma estratégia que joga com os imaginários sociais que cria e com os mecanismos de credulidade que recupera. Seu impacto, portanto, depende do peso desses imaginários e da propensão dos indivíduos a acreditar. Consequentemente, manipulador ou manipulado, o sujeito é sempre responsável: responsabilidade do manipulador em seu desejo de enganar (a raposa); responsabilidade do manipulado em sua disposição de se submeter (o corvo), ou não. Pois "a maneira como os homens apreendem as coisas", diz Nietzsche, "é, em última análise, apenas uma interpretação determinada pelo que somos e por nossas necessidades".[329] Arnaud Mercier chega a considerar que todos somos culpados:

> Responsáveis, finalmente, eu, tu, vocês, nós, que, um dia ou outro, cedemos à tentação de curtir ou compartilhar um conteúdo duvidoso porque "nunca se sabe, pode ser verdade", porque "se não é verdade, é, de todo modo, engraçado", porque clicamos no botão de compartilhamento apenas com base no título, sem nem mesmo abrir o link; porque sob o choque da notícia (atentados, por exemplo) ficamos desorientados, perdemos nossos reflexos críticos e cedemos à tentação do espetacular ou do emocional.[330]

É verdade, porém, que "a fluência na fala não é compartilhada igualmente e as capacidades podem ser prejudicadas ou mesmo impedidas tanto no campo do agir como no de "contar a história".[331] Mas é um fato: "Se podemos ser criticados ou elogiados pelo que acreditamos, isso significa que somos responsáveis por nossas crenças, e, por isso, é preciso que sejamos capazes de ter controle sobre elas".[332]

De fato, nesse "fora do sujeito", nesse "fora da verdade", nesse "fora do saber" da pós-verdade, tudo se confunde. O desafio não está mais em acreditar ou não acreditar, está no sucesso do fazer crer: "Eva e Adão caíram na angústia moral da distinção, nós caímos no pânico imoral da indistinção, da confusão de todos os critérios. Da contaminação do bem pelo mal e reciprocamente".[333] E, contudo, a verdade, em todos os domínios – político, científico, educacional, cultural –, precisa do confronto dos possíveis. A verdade está escapando de nossas mãos?

Notas

"PRÓLOGO"

[1] "Pour une interdisciplinarité focalisée dans les sciences humaines et sociales", *Questions de communication*, n° 17 e 21, 2010 e 2011, p. 195-222 e p. 171-206.
[2] Eu uso "homem" no sentido genérico, conforme justifico em *La langue n'est pas sexiste*, Bord de l'Eau.

"INTRODUÇÃO"

[3] Guy Béart, *La Vérité*, 1967. "O corredor": Jacques Anquetil fala pela primeira vez sobre *doping* no ciclismo. "A testemunha": sobre o assassinato do presidente Kennedy. "O poeta": tendo como pano de fundo o julgamento de Solzhenitsyn. "O jovem": Jesus.
[4] Michel Foucault, *Naissance de la biopolitique, cours au Collège de France, 1978-1979*, EHESS-Gallimard-Le Seuil, 2004.
[5] Ver Algirdas Julien Greimas e Joseph Courtés, *Sémiotique. Dictionnaire raisonné de la théorie du langage*, Hachette, 1979, s.v. "Manipulation" (ed. brasileira: *Dicionário de semiótica*, São Paulo, Contexto, 2008).
[6] Robert-Vincent Joule e Jean-Léon Beauvois, *Petit traité de manipulation à l'usage des honnêtes gens*, Grenoble, PUG, 1987, p. 12.
[7] Idem.

CAPÍTULO "VERDADE E LINGUAGEM"

[8] Nietzsche, "Maximes et pointes", em *Œuvres, Le Crépuscule des idoles*, Paris, Plon, p. 949 (ed. brasileira: "Máximas e flechas", in *Crepúsculo dos ídolos*, trad. Paulo César de Souza, São Paulo, Companhia de Bolso, 2017).
[9] Aristóteles, *Organon*, 8, 18a-19b, "De l'interprétation", on-line (ed. brasileira: *Órganon*, São Paulo, Edipro, 2016).
[10] Barbara Cassin, "Dans et par la langue", Entretien, *Esprit*, n° 460, 2019, p. 51.
[11] Monique Canto-Sperber, *Éthiques grecques*, Paris, Puf Quadrige, 2001, p. 7.
[12] Para outro desenvolvimento dessa abordagem, ver René Descartes, *Discours de la méthode*, Paris, Le Livre de Poche, 2000, e edição on-line, p. 22 e seguintes.
[13] Emmanuel Kant, *Prolégomènes à toute métaphysique future*, Paris, J. Vrin, 2000 (ed. brasileira: *Prolegômenos a qualquer metafísica futura que possa apresentar-se como ciência*, São Paulo, Estação Liberdade, 2014).
[14] Husserl, Hegel, Heidegger, mas de modos diferentes.
[15] Jean-Paul Sartre, *L'Existentialisme est un humanisme*, Paris, Gallimard, "Folio", 1996, p. 58 (ed. brasileira: *O existencialismo é um humanismo*, Petrópolis, Vozes, 2014).
[16] Para as diferentes concepções de verdade em filosofia, ver Catherine Deshays, "Points de vue philosophiques sur la vérité", *Société Française de Gestalt*, n° 34, 2008, p. 47-61.
[17] Ludwig Wittgenstein, *Investigations philosophiques*, Paris, Gallimard, "Tel", 1989, p. 167 (ed. brasileira: *Investigações filosóficas*, Petrópolis, Vozes, 2014).
[18] Michel Foucault, *Le Courage de la vérité*, cours au Collège de France 1984, Paris, EHESS-Gallimard-Le Seuil, 2009, p. 27.
[19] Denis Vernant, *Du discours à l'action*, Paris, Puf, 1997, p. 64.

[20] Idem, p. 64.
[21] Michel Foucault, *Du gouvernement des vivants, cours au Collège de France 1979-1980*, Paris, EHESS-Gallimard-Le Seuil, p. 14 e seguintes.
[22] Michel Foucault, *L'Herméneutique du sujet, cours au Collège de France 1981-1982*, Paris, EHESS-Gallimard-Le Seuil, 2001, p. 348-349; *Le Gouvernement de soi et des autres*, cours au Collège de France 1982-1983, Paris, EHESS-Gallimard-Le Seuil, 2008, p. 41-42.
[23] George Orwell, *1984*, Paris, Gallimard, "Folio", 1972 (ed. brasileira: *1984*, São Paulo, Companhia das Letras, 2009).
[24] Denis Vernant, *Du discours à l'action*, p. 63.

CAPÍTULO "DOS SABERES AOS IMAGINÁRIOS SOCIAIS"

[25] Uma parte deste capítulo é a retomada dos meus artigos: "Les Stéréotypes, c'est bien. Les imaginaires, c'est mieux", em H. Boyer (dir.), *Stéréotypage, stéréotypes: fonctionnements ordinaires et mises en scène*, Paris, L'Harmattan, 2007, p. 49-63.
[26] Denis Vernant, *Du discours à l'action*, p. 7.
[27] Ideia fortemente discutida por alguns psicossociólogos, particularment par Willem Doise, "Les représentations sociales: définition d'un concept", *Connexion*, n° 45, 1985, p. 243-253.
[28] Ver Michel-Louis Rouquette e Patrick Rateau, *Introduction à l'étude des représentations sociales*, Grenoble, PUG, 1998.
[29] Jean-Michel Besnier, *Les Théories de la connaissance*, Paris, Puf, 2005, p. 12
[30] Ver Georges Canguilhem, *Sciences humaines*, n° 90, p. 28.
[31] Nas culturas em que o negro remete ao imaginário da morte.
[32] Ver os contos e as fábulas.

CAPÍTULO "'SABERES DE CONHECIMENTO' E 'SABERES DE CRENÇA'"

[33] Ver *Organon IV*, Paris, J. Vrin, 1987, p. 155.
[34] Expressão retomada de Alain Berrendonner, *Éléments de pragmatique linguistique*, Paris, Minuit, 1982.
[35] Michel Foucault, *L'Archéologie du savoir*, Paris, Gallimard, "Tel", 1969, p. 237 (ed. brasileira: *Arqueologia do saber*, São Paulo, Forense Universitária, 2004).
[36] Christian Guimelli, *La Pensée sociale*, Paris, Puf, 1999, p. 105.
[37] Sobre esta questão, ver David Hume, *Enquête sur l'entendement humain*, Paris, Flammarion, 1983.
[38] Na filiação platônica, o conhecimento de crença foi considerado falso pela filosofia das Luzes, que o denominou "saber popular".
[39] Ver Pascal Engel, *Les Vices du savoir*, Marseille, Agone, 2019, que desenvolve este ponto, retomando o que ele chama "o problema de Clifford", p. 55 e seguintes.
[40] Pascal Engel faz "uma tese de consonância ética", op. cit., p. 129.
[41] Pelo menos explicitamente, se não houver nenhum subentendido particular.
[42] Slogan de campanha presidencial de François Mitterrand, eleito em 1981.
[43] Para mais precisões sobre essas noções, ver nosso "Les stéréotypes, c'est bien. Les imaginaires, c'est mieux", já citado.
[44] Criação do desenhista André Franquin (1924-1997).
[45] Ver Patrick Charaudeau, *Le Débat public. Entre controverse et polémique. Enjeu de vérité, enjeu de pouvoir*, Limoges, Lambert-Lucas, 2017.
[46] Sobre a clonagem, ver Patrick Charaudeau (dir.), *La Médiatisation de la science. Clonage, OGM, manipulations génétiques*, Bruxelles et Paris, de Boeck, Ina, 2008. Sobre a bioética em geral, ver Dominique Mehl, *Les Lois de l'enfantement. Procréation et politique en France (1982-2011)*, Paris, Presses de SciencesPo, 2011.

CAPÍTULO "ALGUMAS 'FIGURAS DE VERDADE'"

[47] Michel Foucault, "La fonction politique de l'intellectuel", em *Dits et écrits*, III, Paris, Gallimard, 1994, p. 112 (ed. brasileira: *Ditos e escritos v. 3*, São Paulo, Forense Universitária, 2015).
[48] Idem.
[49] *Fragments du discours amoureux*, Paris, Le Seuil, 1977, p. 8-9 (ed. brasileira: *Fragmentos de um discurso amoroso,* São Paulo, Editora da Unesp, 2018).
[50] Myriam Renault d'Allonnes, *La faiblesse du vrai. Ce que la post-vérité fait à notre monde commun*, Paris, Le Seuil, 2018, p. 10.

[51] Hannah Arendt, *La Crise de la culture*, Paris, Gallimard, 1972, p. 300.
[52] Apesar de "o mundo sensível", na tradição de Platão, ser enganador.
[53] Hannah Arendt, "Vérité et politique", em *La Crise de la culture*, p. 303.
[54] Entrevista para *Télérama*, n° 3603, de 30 de janeiro de 2019.
[55] Razão pela qual os cientistas realizam a "reprodução das experiências".
[56] Ver "Fondements de la métaphysique des mœurs", em *Œuvres philosophiques*, t. II, Paris, Gallimard, "La Pléiade", p. 285.
[57] Max Weber, *Le Savant et le politique*, Paris, La Découverte, 2003 (ed. brasileira: *Ciência e política*, São Paulo, Cultrix, 2011).
[58] Ver J. L. Austin, *Quand dire, c'est faire*, Paris Le Seuil, 1970.
[59] Michel de Montaigne, *Essais*, "Ce l'Amitié", I, 28 (ed. brasileira: *Ensaios*, São Paulo, Ed. 34, 2016).
[60] Ver Denis Vernant, *Du discours à l'action*, Paris, PUF, 1997, p. 68.
[61] Ver Elsa Godart, *Éthique de la sincérité. Survivre à l'ère du mensonge*, Paris, Albin Michel, 2020.
[62] H. Paul Grice estabelece a máxima: "Não afirme o que você acredita ser falso" ("Logique et conversation", *Communications*, n° 30, jun. 1979, p. 57-72).
[63] Emmanuel Kant, *Critique de la faculté de juger*, Paris, Gallimard, "La Pléiade", 1985, p. 40 (ed. brasileira: *Crítica da faculdade de julgar*, Petrópolis, Vozes, 2016).
[64] Para a noção de "controvérsia", ver nosso *Débat public*, já citado.
[65] Ver B. Spinoza, *Traité de la réforme de l'entendement*, Paris, Flammarion, 2008 (ed. brasileira: *Tratado da reforma do entendimento*, São Paulo, Escala, 2007).
[66] R. Barthes, *Roland Barthes par Roland Barthes*, Paris, Le Seuil, «Écrivains de toujours», 1975, p. 51 (ed. brasileira: *Roland Barthes por Roland Barthes*, Rio de Janeiro, Estação Liberdade, 2003).
[67] Pierre Bourdieu, *Langage et pouvoir symbolique*, Paris, Le Seuil, 2001, p. 188-190.
[68] Hannah Arendt, *Condition de l'homme moderne*, Paris, Gallimard, 2012, p. 99.

CAPÍTULO "OS DOMÍNIOS DA VERDADE"

[69] Elisabeth Roudinesco, em "Le Monde des livres",11 de fevereiro de 2011.
[70] Estamos lidando não apenas com um enunciador coletivo, mas também com um fenômeno chamado de "duplo endereçamento", em que o locutor visa um alvo diferente do seu interlocutor imediato: o jornalista importa menos para o entrevistado do que os leitores de seu jornal, os telespectadores do canal de televisão. Ver Jürgen Siess e Gisèle Valency (dir.), *La Double Adresse*, Paris, L'Harmattan, "Sémantiques", 2002.
[71] Maquiavel, *Le Prince*, Paris, Flammarion, 1980 (ed. brasileira: *O príncipe*, São Paulo, Penguin/Companhia das Letras, 2010).
[72] Aristóteles, *La Politique*, Paris, Ladrange, 1874, p. 58, on-line (ed. brasileira : *A política*, Rio de Janeiro, Ediouro, 1997).
[73] Marc Augé, *Pour une anthropologie des mondes contemporains*, Paris, Flammarion, 1994 (ed. brasileira: *Por uma antropologia dos mundos comtemporêneos*, Rio de Janeiro, Bertrand Brasil, 1997).
[74] Alexis de Tocqueville, *De la démocratie en Amérique*, I, 4, Paris, Gallimard, 1951 (ed. brasileira: *A democracia na América*, Belo Horizonte, Itatiaia, 1998).

CAPÍTULO "A NEGAÇÃO NA LÍNGUA, UM ATO DE PRESSUPOSIÇÃO"

[75] Este capítulo e os seguintes retomam em parte duas intervenções em colóquios (no prelo): "Percurso do território da negação. Mentira, denegação, má-fé" e "Impostura, falsidade, denegação, má-fé. Sobre a distinção de noções".
[76] Henri Bergson, *L'Évolution créatrice*, on-line.
[77] Ver Catherine Malabou, "Négativité dialectique. La lecture heideggerienne de Hegel dans le tome 68 de la Gesamtausgabe", *Archives de philosophie*, 2003, tomo LXVI, p. 265-278.
[78] Jean-Paul Sartre, *L'Être et le Néant*, Paris, Gallimard, «Tel», 1943, p. 57 (Ed. brasileira: *O ser e o nada*, Petrópolis, Vozes, 2015).
[79] Sobre a diferença entre sentido e significação ver nosso "Compréhension et interprétation. Interrogations autour de deux modes d'appréhension du sens dans les sciences du langage", in G. Achard-Bayle et al, *Les sciences du langage et la question de l'interprétation (aujourd'hui)*, Limoges, Lambert-Lucas, 2018, p. 21-54.
[80] Título de uma música de Serge Gainsbourg. Poderíamos citar também o "Vá, eu não te odeio/ Va, je ne te hais point" (Le Cid, Acte III, scène ɪv), de Chimène à Rodrigue.
[81] *La Bohème*, de Charles Aznavour.

[82] Ver Henning Nølke, "Ne... pas : négation descriptive ou polémique ? Contraintes formelles sur son interprétation", *Langue française*, n° 94, 1992, p. 48-67 ; Pierre Larrivée, *L'Interprétation des séquences négatives. Portée et foyer des négations en français*, Bruxelles, De Boeck, 2001.

[83] François Hollande, 25 de abril de 2018.

CAPÍTULO "A NEGAÇÃO NO DISCURSO, UM ATO DE 'NEGATIVIDADE'"

[84] Para a teoria do sujeito, ver P. Charaudeau e D. Maingueneau (dir.), *Dictionnaire d'analyse du discours*, Paris, Le Seuil, 2002, «Sujet du discours» (ed. brasileira: *Dicionário de Análise do Discurso*, São Paulo, Contexto, 2004, verbete «Sujeito do discruso»).

[85] Valéry Giscard d'Estaing à François Mitterand durante o debate na televisão no dia 10 de maio de 1974 entre os dois turnos das eleições presidenciais.

[86] Ver "L'arme cinglante de l'ironie et de la raillerie dans le débat présidentiel de 2012", *Langage et Société*, n° 146, 2013, p. 35-47.

CAPÍTULO "A 'MENTIRA': NEGAR A VERDADE-SINCERIDADE"

[87] Harald Weinrich, *Linguistique du mensonge*, Limoges, Lambert-Lucas, 2014, p. 32.

[88] Boris Cyrulnik, "Sous les ailes du mensonge", em M. de Solemne, *La Sincérité du mensonge*, Paris, Dervy, 1999, p. 20.

[89] Os casos do Rainbow Warrior e de Bernard Cahuzac (ver mais adiante).

[90] Entre outros François Mitterrand, Anne Pingeot e sua filha Mazarine; François Hollande e Julie Gayet.

CAPÍTULO "A 'DENEGAÇÃO': A REPRESSÃO DO SABER"

[91] Ver, entre outros dicionários, *Le Robert*.

[92] Mas pode ser que essa mulher esteja, ela mesma, na negação de querer falar à mãe sobre isso.

[93] Marion Cotillard, in *Le Parisien,* 5 de março de 2008.

[94] Sigmund Freud, "La négation", in *Résultats, idées, problèmes*, Paris, Puf, 1987.

[95] Jean Laplanche e Jean-Bertrand Pontalis, *Vocabulaire de la psychanalyse*, Paris, Puf, 1967.

[96] *Le Monde*, 19 e 20 de maio de 2019.

[97] Christophe Dejours, *La souffrance en France*, Paris, Le Seuil, "Essais", 1998, p. 85.

[98] Ibid.

[99] "LOL" (*Laughing out loud*), também escrito em minúsculas (lol), é uma sigla usada como interjeição, muito comum na internet, simbolizando riso ou diversão. É usado em praticamente qualquer tipo de comunicação de internet ou texto onde o riso é apropriado. https://en.wikipedia.org/wiki/LOL

CAPÍTULO "A 'MÁ-FÉ': O SIMULACRO DO SABER"

[100] Arthur Schopenhauer, *L'Art d'avoir toujours raison*, 1864, Paris, Éditions Mille et Une Nuits, 1983 (ed. brasileira: *A arte de ter razão*, Rio de Janeiro, Nova Fronteira, 2021).

[101] Marie Paillet-Guth, *Ironie et paradoxe. Le discours amoureux romanesque*, Paris, Honoré Champion, 1996.

[102] *Le Monde,* 23 de março de 2019.

[103] Jean-Paul Sartre, *L'Être et le Néant*, p. 82-83.

[104] Idem.

[105] *L'Obs* n° 284, 25 de abril de 2019, p. 43.

[106] Gaston Leroux, *Le Parfum de la dame en noir*.

[107] Jean de La Fontaine, "Le Loup et le renard", *Livre XI,* fábula 6.

[108] *Le Monde*, 26 de setembro de 2019.

[109] J.-P. Sartre, *L'Être et le néant*.

[110] Platão, *Gorgias*, 482c-483c, GF-Flammarion, 1987, p. 214.

[111] Jean Rostand, citado por Passeport Santé, déc. 2016.

[112] Jacqueline Morne, "Une énigme de la conscience. La mauvaise foi selon Sartre", on-line, 12 de julho de 2008.

CAPÍTULO "A 'IMPOSTURA': UMA USURPAÇÃO DO ESPAÇO"

[113] Este é o caso Romand, com o nome de Jean-Claude Romand, que matou, em janeiro de 1993, sua esposa, seus filhos e seus pais que estavam prestes a descobrir a verdade. Este caso inspirou Emmanuel Carrière em seu livro *L'Adversaire*, POL, 2000.

[114] "Petite phénoménologie de l'imposture", in N. Kremer et alii, *Fictions de l'imposture, impostures de la fiction dans les récits d'Ancien Régime*, Paris, Hermann, "La République des Lettres", 2018.

[115] Jorge Semprun conta em *Le Mort qu'il faut*, Paris, Gallimard, 2002 (ed. brasileira: *O morto certo*, São Paulo, ARX, 2005), como, quando de sua internação em Buchenwald, ele usou o nome de um homem morto que foi para o crematório com seu nome, a fim de continuar a viver.

[116] Javier Cercas, *L'Imposteur*, Arles, Acte Sud, 1975 (ed. brasileira: *O impostor*, trad. Bernardo Ajzenberg, Rio de Janeiro, Globo, 2015).

[117] Gad Elmaleh. Ver *Le Parisien*, on-line, 24 de setembro de 2019.

[118] O artigo L122-4 do Código de Propriedade Intelectual dispõe que "toda representação ou reprodução total ou parcial feita sem o consentimento do autor ou de seus sucessores titulares ou cessionários é ilícita. O mesmo se aplica à tradução, adaptação ou transformação, arranjo ou reprodução para uma arte ou processo qualquer".

[119] Gilles Harpoutian, *La Petite histoire des grandes impostures scientifiques*, Paris, Éditions du Chêne, 2016, p. 198.

[120] Paris, Calman-Lévy, 2005.

[121] Para essa noção, ver *Dictionnaire d'analyse du discours*, s.v. (ed. brasileira: *Dicionário de Análise do Discurso*, São Paulo, Contexto, 2004).

[122] Para esses contratos, ver a parte seguinte, "O discurso manipulatório".

[123] Michel de Pracontal, *L'Imposture scientifique en dix leçons*, Paris, La Découverte, 2001 (ed. brasileira: Tradução Álvaro Lorencini, São Paulo, Editora da Unesp, 2004).

[124] Jean Baudrillard, *De la séduction*, Paris, Gallimard, "Folio Essais", 1993, p. 98 (ed. brasileira: *Da sedução*, trad. Tânia Pellegrini, Campinas, Papirus, 2007).

[125] Jean-Jacques Rousseau, "Quatrième promenade", *Rêveries du promeneur solitaire*, Le Livre de poche, 2001 (ed. brasileira: *Devaneios de um caminhante solitário*, São Paulo, Edipro, 2017).

CAPÍTULO "ESTRATÉGIAS PARA 'FAZER CRER'"

[126] Nenhum desses dois qualificativos aparece na página com o título.

[127] Idem, p. 215.

[128] Idem, p. 44.

[129] Idem, p. 216.

[130] Milan Kundera, *Le Rideau*, Paris, Gallimard, 2005, p. 20.

[131] Paul Ricœur, *La Métaphore vive*, Paris, Le Seuil, 1975 (ed. brasileira: *A metáfora viva*, São Paulo, Loyola, 2000).

[132] *L'Écriture ou la vie*, Paris, Gallimard, 1994 (ed. brasileira: trad. Rosa Freire Aguiar, Companhia das Letras, 1995).

[133] Paul Valéry, "Au sujet des Lettres persanes", *Variété*, Paris, Gallimard, "La Pléiade", 1957, p. 2015.

[134] Boris Cyrulnik, "Sous les ailes du mensonge", em Marie de Solemne, *La Sincérité du mensonge* (entretiens), Paris, Dervy, 1999, p. 25-26.

CAPÍTULO "ESTRATÉGIAS E PROCEDIMENTOS DO DISCURSO MANIPULATÓRIO"

[135] Esse capítulo retoma em parte "Il n'y a pas de société sans discours propagandiste", em C. Olivier-Yaniv e M. Rinn (dir.), *Communication de l'État et gouvernement du social. Pour une société parfaite?*, Grenoble, PUG, 2009.

[136] Para as questões relativas às atitudes e comportamentos, ver Fabien Girandola e Valérie Fointiat, "Changer les attitudes par la persuasion", in *Attitudes et comportements. Comprendre et changer*, Grenoble, PUG, 2016, p. 31-59.

[137] Sabemos, por certos experimentos, que deixar o indivíduo acreditar que é livre para agir ou não aumenta sua submissão a um pedido. Ver C. Chabrol e M. Radu, *Psychologie, communication et persuasion*, Bruxelles, De Boeck, 2008, p. 116 (ed. portuguesa: *Psicologia da comunicação e persuasão*, Lisboa, Instituto Piaget, 2010).

[138] Colin Crouch, *Post-démocratie*, Paris, Diaphanes, 2013, p. 29.

[139] Ver no *Le Monde*, 4 de julho de 2020.

[140] Ver "Pourquoi on ne peut pas affirmer que 'la pollution transporte le coronavirus'", *The Conversation*, 6 de maio de 2020.

CAPÍTULO "A MANIPULAÇÃO VOLUNTÁRIA COM EFEITO DE 'CONSENTIMENTO'"

[141] Nathalie Kremer, "Petite phénoménologie de l'imposture", on-line em *Fabula*.
[142] Roland Barthes, *Mythologies*, Paris, Seuil-Points, 1957, p. 238 (ed. brasileira: *Mitologias*, Rio de Janeiro, Bertrand Brasil, 2001).
[143] Ver Jean Baudrillard, *De la séduction...*, já citado.
[144] Idem, p. 138.
[145] O que explica o sucesso de programas de televisão como *Teleton* e *Sidaction*.
[146] No sentido descrito por Max Weber. Ver *Économie et Société*, Paris, Plon, 1971 (ed. brasileira: *Economia e sociedade*, São Paulo/Brasília, Imprensa Oficial/Ed. UnB, 2004).
[147] A retificação só foi feita quatro anos depois. Ver Philippe Ricalens (dir.), *La Manipulation à la française*, Paris, Economica, 2003, p. 5.
[148] Ver *Le Monde*, 4 de abril de 2020.
[149] Ver mais adiante a seção "A natureza das 'contraverdades'"
[150] Ver a seção "Science & Médecine" no *Le Monde*, 24 de junho de 2020.
[151] Anne Dujin, "Quand le langage travaille", *Esprit*, n° 460, dezembro de 2019, p. 43.
[152] Ver a reportagem "Yahvé, Jésus, Allah et le Covid", *L'Obs* n° 2894, 23 de abril de 2020.
[153] *Le Monde*, 16 de abril de 2020.
[154] Sobre o caso Lyssenko, ver A. Kroh, *Petit traité de l'imposture scientifique*, Paris, Belin, 2009.
[155] Michel Foucault, *Dits et écrits*, 1978-1988, Paris, Gallimard, "Quarto", 2001, p. 466 (ed. brasileira: *Ditos e escritos. Ética, estratégia, poder-saber*, trad. Vera Lúcia Avellar Ribeiro, Rio de Janeiro, Forense Universitária, 2003, v. 4).
[156] Combinação da "espiral do silêncio" (Elisabeth Noëlle-Neumann, "La spirale du silence", *Hermès*, n° 4, 1989, p. 181-189) e da "servidão voluntária" (Étienne de La Boétie, *Discours de la servitude volontaire*, disp. on line).

CAPÍTULO "A MANIPULAÇÃO VOLUNTÁRIA COM EFEITO DE 'IMPOSTURA': A MENTIRA NA POLÍTICA"

[157] H. Arendt, "Vérité et politique", *Du mensonge à la violence*, Calmann-Lévy, 1972, p. 9.
[158] Hannah Arendt, op. cit., p. 319.
[159] SAS: "Special Air Service", unidade de forças especiais das forças armadas britânicas.
[160] Jacques Chirac e o caso da fita cassete Méry.
[161] Hannah Arendt, *Du mensonge à la violence*, p. 8.
[162] Nixon e o caso do Watergate.
[163] Mitterrand e o caso do Rainbow Warrior.
[164] Alexis de Tocqueville, *De la démocratie en Amérique*, já citado.
[165] Esta análise baseia-se numa teoria comunicacional do vínculo social, e não na ideia de que o vínculo social se baseia sempre em relações de dominação e no exercício pelo poder de uma violência latente superior à lei.
[166] Carta de Laurent Fabius publicada no *Le Monde*, 20 de novembro de 2000.
[167] "Billancourt" designa por metonímia os trabalhadores das fábricas Renault anteriormente localizadas no território desta comuna no oeste de Paris, hoje em processo de gentrificação. Para a revista *L'histoire en citations*, essa citação seria apócrifa. Mas o que conta aqui é a frase em si, seu espírito.
[168] Pascal Engel, *Les vices du savoir*, op. cit., p.76.

CAPÍTULO "A MANIPULAÇÃO PELO 'MEDO'"

[169] Retomo aqui em parte meu artigo "De l'état victimaire au discours de victimisation: cartographie d'un territoire discursif", *Argumentation et Analyse du Discours (AAD)*, on-line, n° 23, 2019.
[170] Ver *Le Monde*, 18 de abril de 2020.
[171] Ver *Le Monde*, 3 de novembro de 2017.
[172] *La Peste*, Paris, Gallimard, 1947, p. 91 (ed. brasileira: *A peste*, Rio de Janeiro, Record, 2017).
[173] Ver "Le virus de l'irrationalité religieuse", *Le Monde*, 16 de abril de 2020.
[174] *Le Monde*, 22-23 de novembro de 2015.
[175] BFMTV, 6 de dezembro de 2018. Retomada do título do filme, *Peur sur la ville*, d'Henri Verneuil (1974).
[176] Devido aos riscos estatísticos de acidentes causados pela complexidade da tecnologia como em Three Mile Island (EUA, 1979), Chernobyl (URSS, 1986), Fukushima (Japão, 2011).

[177] Para esta diferença entre "medo da multidão" e "medo na multidão", ver Serge Moscovici, "La crainte du contact", *Communications*, n° 57, 1993, p. 35-42.
[178] Jean Giono, *Le Hussard sur le toit*, Paris, Gallimard, 1972 (ed. brasileira: *O cavaleiro do telhado*, São Paulo, Mandarim, 1996).
[179] *La Lettre de Jean-Marie Le Pen*, 15 de março de 1992.
[180] Dominique Reynié, *Populismes: la pente fatale*, Paris, Plon, 2011, p. 118.
[181] Líderes da extrema direita e da extrema esquerda. Ver nosso "Du discours politique au discours populiste...". Le populisme est-il de droite ou de gauche?", em F. Corcuera et alii, *Les Discours politiques. Regards croisés*, Paris L'Harmattan, 2016, p. 32-43.
[182] Jean-Luc Mélenchon, campanha presidencial de 2017.
[183] Jean-Marie Le Pen. Ver M. Souchard et alii, *Le Pen, les mots. Analyse d'un discours d'extrême droite*, Paris, Le Monde Éditions, 1997, p. 48.
[184] *Le Monde*, 20 de novembro de 2015.
[185] Em junho e julho de 2020, depois da morte de George Floyd nos Estados Unidos sob coação policial, a proporção se inverteu.
[186] Enunciado por G.W. Bush após o ataque do 11 de setembro de 2001.
[187] Denis Salas, magistrado, secretário-geral da Association Française pour l'Histoire de la Justice, no *Le Monde*, 9 de fevereiro de 2011.
[188] René Girard, *La Violence et le sacré*, Paris, Fayard, "Pluriel", 2010, p. 122. (ed. brasileira: *A violência e o sagrado*, São Paulo, Paz e Terra, 2008).

CAPÍTULO "MANIPULAÇÃO INVOLUNTÁRIA COM EFEITO DE 'INQUIETAÇÃO' OU DE 'SUSPEITA'"

[189] *Mythologies*, p. 9 e 193.
[190] Idem, p. 194.
[191] Jean-Noël Kapferer, *Rumeurs. Le plus vieux média du monde*, Paris, Seuil, 1987, p. 33. Existem muitos estudos sobre rumores. Podemos consultar, entre outros, Jules Gritti, *Elle court, elle court, la rumeur*, Otawa, Stanké, 1978; Pascal Froissart, *La rumeur. Histoire et fantasmes*, Paris, Belin, 2002. Para a escola dialógica russa (Jakubinski, Volóchinov, Bakhtin), cada locutor está imerso em um discurso coletivo que circula, não atribuível ou não imputável e desprovido de intencionalidade, que emerge dos discursos reportados em interações verbais dependendo dos eventos atuais: as associações de ideias resultantes coagulam em enunciados cuja retomada-reformulação ou retomada-modificação convergem em figuras assimiladas a verdades factuais (ver Valentin N. Volóchinov, *Marxisme et philosophie du langage*, Limoges, Lambert-Lucas, 2010 (ed. brasileira: *Marxismo e filosofia da linguagem*, São Paulo, Ed. 34, 2017); Marie Carcassonne et alii, *Points de vue sur le point de vue*, Limoges, Lambert-Lucas, 2015).
[192] Edgar Morin et alii, *La Rumeur d'Orléans*, Paris, Le Seuil, 1969.
[193] Ver o blog de Blandine Le Cain (http://plus.lefigaro.fr/page/blandine-le-cain).
[194] Idem.
[195] *Le Monde*, 28 de março de 2019.
[196] Retomo aqui minha intervenção no colóquio de Quebec, junho de 2007, sobre *Les Mises en scène du discours médiatique*, sob o título "Une éthique du discours médiatique est-elle possible?", Comunication [Quebec], v. 27, fasc. 2, 2009, p. 51-74.
[197] Desde o final de março até o início de abril de 2001, após chuvas torrenciais, o aumento dos lençóis freáticos no vale do rio Somme causou grandes inundações que despertaram a indignação dos habitantes. Um rumor, divulgado pela imprensa local, espalhou-se após a visita do primeiro-ministro, Lionel Jospin, em 9 de abril, segundo o qual o vale teria sido inundado voluntariamente para proteger Paris.
[198] Ver Pierre Bourdieu, *Sur la télévision*, Paris, Liber Édition, 1996 (ed. brasileira: *Sobre a televisão*, Rio de Janeiro, Zahar, 1997); e *Contre-feux*, Paris, Liber Raisons d'Agir, 1998 (ed. brasileira: *Contrafogos*, Rio de Janeiro, Zahar, 1998).
[199] Ver nosso *Débat public*, já citado.
[200] Para outros aspectos dos problemas, ver nosso *La Conquête du pouvoir. Opinion, persuasion, valeurs, les discours d'une nouvelle donne politique*, Paris, L'Harmattan, 2013.
[201] Entretanto, as pesquisas de intenção se tornam mais confiáveis à medida que a eleição chega perto, pois o compromisso se torna mais consistente uma vez que a perspectiva do ato se aproxima.
[202] Para essas questões de influência, ver J.-L. Beauvois, *Petit traité de manipulation à l'usage des honnêtes gens*, Grenoble, PUG, 1987.

[203] Ver entre outros Wikipédia, s.v. "Écriture inclusive".
[204] Para a decifragem desta pesquisa, ver "Les trois quart des Français soutiennent-ils l'écriture inclusive? sur www.europe1.fr.
[205] Ver http://www.mots-cles.com.

CAPÍTULO "MANIPULAÇÃO E MANIPULAÇÃO"

[206] Ver El Aswany, *L'Obs*, n° 2900, 4 de junho de 2020, e sua última obra, *Le Syndrome de la dictature*, Arles, Actes Sud, 2020.
[207] Myriam Revault d'Allonnes, em referência a Václav Havel e a Michel Foucault, em *La Faiblesse du vrai*, Paris, Le Seuil, 2018, p. 85.
[208] *Roland Barthes par Roland Barthes*, p. 48.
[209] Essa ladainha aparece na capa do primeiro número da nova revista, *Front populaire*, lançada por Michel Onfray.
[210] Ver entre outros Yves Cochet, *Devant l'effondrement. Essai de collapsologie*, Paris, Les Liens qui libèrent, 2019.
[211] Edgar Morin, *La Voie*, Paris, Fayard, 2011, p. 146 (ed. brasileira: *A via*, Rio de Janeiro, Bertrand Brasil, 2013).

CAPÍTULO "A 'PÓS-VERDADE', UMA MISTURA DE CONTRAVERDADES"

[212] Os dicionários indicam que em francês apenas pós-impressionismo, pós-parto e pós-escrito levam hífen. Mas nem todos concordam.
[213] *Roland Barthes par Roland Barthes*, Paris, Seuil, "Écrivains de Toujours", 1975, p. 133 (ed. brasileira: *Roland Barthes por Roland Barthes*, Rio de Janeiro, Estação Liberdade, 2003).
[214] Ver entre outros Jean-François Lyotard, *La Condition post-moderne. Rapport sur le savoir*, Paris, Éditions de Minuit, 1979, e *Post-Modernité* de Colin Crouch, Paris Diaphanes, 2013.
[215] Revault d'Allonnes, *La Faiblesse du vrai*, Paris, Seuil, 2018, p. 23.
[216] Ver Daniel Bougnoux, *La Crise de la représentation*, Paris, La Découverte, 2006.
[217] "An adjective defined as relating to or denoting circumstances in which objective facts are less influential in shaping public opinion than appeals to emotion and personal belief".
[218] Ver Dominique Cardon, "Pourquoi avons-nous si peur des fake news?" (1/2), site AOC, on-line.
[219] Ver "Compréhension et interprétation...", já citado.
[220] C. Denat C. e Wotling P., *Dictionnaire Nietzsche*, Paris, Ellipses, 2013, p. 178.
[221] Aristote, *Métaphysique*, Paris, Flammarion-GF, 2008, 1011b.
[222] Coluche disse, retomando Aguigui Mouna, que por sua vez retomava George Orwell (*Fazenda dos animais*: "Todos os animais são iguais, mas alguns são mais iguais que outros"): "Os homens nascem livres e iguais, mas uns são mais iguais que outros".

CAPÍTULO "A NATUREZA DAS 'CONTRAVERDADES'"

[223] Programa do dia 1° de abril de 2017. Ver também "On retrouve tout au long de l'histoire l'équivalent de l'épidémie actuelle de 'fake news'", *Le Monde*, 20 de fevereiro de 2017.
[224] Marc Bloch, *L'Étrange défaite: témoignage écrit en 1940*, Paris, Gallimard "Folio", 1990. (ed. brasileira: *A estranha derrota*, Rio de Janeiro, Zahar, 2011).
[225] Umberto Eco, *La Guerre du faux*, Paris, Grasset, 1985, p. 33.
[226] Thierry Meyssan, *Le Pentagate*, Paris, Éditions Carnot, 2002.
[227] Ver Noam Chomsky e Edward Herman, *La Fabrication du consentement*, Marseille, Agone, 2008, e *Qui mène le monde?*, Québec et Paris, Lux, 2018.
[228] Ver a reportagem em *L'Obs*, n° 2876, dezembro de 2019.
[229] Segundo a socióloga Jocelyn Raude, 40% da população francesa seria contrária às vacinas. Ver on-line *Le Figaro Santé* do dia 15 de maio de 2018.
[230] Para mais informações sobre os antivacinas, ver o livro de Patrick Zylberman, *La Guerre des vaccins*, Paris, Odile Jacob, 2020.
[231] Essas duas hipóteses foram apoiadas pelo professor de geoquímica Claude Allègre, ex-ministro da Educação Nacional de Lionel Jospin; veja, por exemplo, seu livro *Climate imposture*, Paris, Plon, 2010.
[232] Ver o site "climatocético" do Real Climate Science.
[233] Sobre essas contraverdades, ver Gérald Bronner, *La Démocratie des crédules*, Paris, Puf, 2013.

[234] O doutorado de Estado deu-lhe acesso à cátedra dedicada a Lautréamont, seu título de historiador é um simulacro.
[235] Robert Faurisson entrevistado por Ivan Levaï, em 17 de dezembro de 1980.
[236] Robert Faurisson, *Mémoire en défense contre ceux qui m'accusent de falsifier l'histoire, la question des chambres à gaz*, Paris, La Vieille Taupe, 1980, p. 6.
[237] Entre outros, um artigo publicado pelo *Le Matin de Paris* em 1º de novembro de 1978 e uma coluna publicada pelo *Le Monde* em 29 de dezembro de 1978, intitulada "O problema das câmaras de gás, ou o rumor de Auschwitz".
[238] É necessário, no entanto, usar o futuro do pretérito, pois sempre é possível que Faurisson, em uma abordagem perfeitamente cínica, tenha montado seu discurso sem nele acreditar.
[239] Entre outros, Maurice Bardèche com a revista *Défense de l'occident* (1952-1982), Rassiner com *Le Mensonge d'Ulysse* (1950), a revista *Rivarol*... A editora La Vieille Taupe (1979-1991) editou *Le Mythe d'Auschwitz* de Wilhelm Stäglich (1986), os escritos de Rassiner, de Faurisson e de numerosos outros negacionistas.
[240] François Azouvi, *Le Mythe du grand silence: Auschwitz, les Français, la mémoire*, Paris, Fayard, 2012, e Gallimard, 2015.
[241] Maurizio Ferraris, *Postvérité et autres énigmes*, Paris, Puf, 2019, p. 17.
[242] Jean Baudrillard, *Le Paroxyste indifférent. Entretiens avec Philippe Petit*, Paris, Grasset, 1997, p. 58 (ed. brasileira: *O paroxista indiferente*, São Paulo, Almedina, 2019).
[243] Rassemblement National (RN) é uma formação política de extrema direita.
[244] O internauta acabou publicando um desmentido.
[245] *L'Obs*, n° 2901, 11 de junho de 2020.
[246] O financista e bilionário americano suicidou-se na prisão em 10 de agosto de 2019.
[247] Myriam Revault d'Allonnes, op. cit., p. 30.
[248] Ver *Le Monde* de 12 de outubro de 2018 e de 23 de outubro de 2019. O caso está atualmente em recurso. Note-se que Sandra Muller foi condenada por ter tornado pública uma correspondência privada de Éric Brion, cuja autenticidade ele não contesta. Mas não sendo o empregador ou o superior hierárquico da jornalista, ele não podia ser denunciado publicamente por assédio no momento dos fatos. Ver Francis Szpiner, advogado de Sandra Muller, no *Le Monde*, 25 de setembro de 2019.

CAPÍTULO "'PADRÕES' DE GEOMETRIA VARIÁVEL"

[249] Ver o texto do coletivo no *Le Monde*, 28 de março de 2019.
[250] *Le Monde*, 22 de abril de 2020.
[251] Do lado americano: "Centenas de milhares de mortes em todo o mundo são o resultado direto das mentiras do governo comunista chinês". Do lado chinês: "Na história dos Estados Unidos, nunca vimos um secretário de Estado usar as ferramentas da CIA, mentiras, roubo, ocultação, como ferramentas diplomáticas", *Le Monde*, 5 de maio de 2020.
[252] Essas fotos foram visualizadas 3,5 milhões de vezes.
[253] Michel de Pracontal, *L'Imposture scientifique en dix leçons*, já citado (ed. brasileira: *A impostura científica em dez lições*, São Paulo, Editora da Unesp, 2004).
[254] Ver P. Engel, *Les Vices du savoir*, p. 384. *Bullshit*, etimologicamente "esterco de vaca", teve primeiro o sentido equivalente de "bobagem". Um deslizamento de sentido recente deu-lhe o significado de "brincadeira" ou mesmo de "jogo de linguagem".
[255] *Le Monde*, 16 de novembro de 2016.
[256] P. Engel, *Les Vices du savoir*, p. 311.

CAPÍTULO "DA 'DESCRENÇA' À 'CREDULIDADE'"

[257] Atilf / CNRTL, on-line.
[258] Serge Goldman, "La croyance: aux confins mystérieux de la cognition", *Cahiers de psychologie clinique*, n° 25, 2005, p. 87-109.
[259] Idem, p. 105.
[260] Pesquisa da Ipsos para o grupo de reflexão canadense Center for International Governance Innovation. A pesquisa é baseada em depoimentos de 25.229 internautas coletados presencialmente ou on-line entre 21 de dezembro de 2018 e 10 de fevereiro de 2019 em 25 países, incluindo França, Estados Unidos, Brasil, Índia, Turquia e Nigéria. *L'Express* de 12 de junho de 2019, on-line.

[261] Ran Halévi, "Le nouveau régime de la vérité", *Le Débat*, n° 197, 2017, p. 28-41 (p. 38).
[262] Myriam Revault d'Allonnes, *La Faiblesse du vrai*, p. 130.
[263] Ran Halévi, "Le nouveau régime de la vérité", op. cit., p. 31.
[264] Gerald Bronner, *La Démocratie des crédules*, Paris, Puf, 2013.
[265] Francis Bacon, *Novum Organum*, Paris, Puf, 1986, Aphorisme XLIX (ed. brasileira, *Novum Organum*, São Paulo, Abril Cultural, 1999, col. Os Pensadores).
[266] Aleksandra Kroh, *Petit traité de l'imposture scientifique*, Paris, Belin, 2009, p. 162.
[267] Blaise Pascal, *De l'esprit de géométrie et de l'art de persuader*, Paris, Hachette, 1871, p. 13 (ed. brasileira: *Do espírito geométrico e outros textos*, São Paulo, Escala, 2006).
[268] Ran Halévi, "Le nouveau régime de la vérité", op. cit., p. 39.
[269] Gerald Bronner, *La Démocratie des crédules*, p. 63.
[270] *Roland Barthes par Roland Barthes*, p. 108.
[271] Há obviamente formas bastante justificadas de militantismo que fazem parte de um contrapoder necessário. O que Roland Barthes chama de "linguagem triunfante" dos revolucionários (op. cit., p. 157).
[272] Sobre o processo de Stalingrado, ver Maurice Mouillaud, *Le Discours et ses doubles*, Presses Universitaires de Lyon, 2014, p. 119-150.
[273] Hannah Arendt, *La Nature du totalitarisme*, Paris, Payot, 1990, p. 118 (ed. brasileira: *As origens do totalitarismo*, São Paulo, Companhia das Letras, 2013).
[274] Michel Foucault, *Du gouvernement des vivants*, 9 de janeiro de 1980, p. 14 e seguintes.

CAPÍTULO "A TRANSMISSÃO DA MÍDIA: A ARMADILHA DA 'RELEVÂNCIA'"

[275] Principalmente, a "Charte d'éthique professionnelle des journalistes" de 2011, a "Déclaration des devoirs et des droits du journaliste" de 1971, o *Manuel du journalisme* de Yves Agnès, Paris, La Découverte, 2008.
[276] *Rapport annuel 2017: l'information au cœur de la démocratie*, on-line (Bigot 78).
[277] Ver Yves Agnès, *Manuel du journalisme*, p. 421-422.
[278] Ver Marie Burguburu, advogada de Éric Brion, em *Le Monde*, 23 de outubro de 2019.
[279] Ver Gerald Bronner, *La Démocratie des crédules*, p. 131.
[280] *Le Monde* ("Les Décodeurs"), *Libération* ("CheckNews"), AFP ("Factuel"), *20 Minutes* ("Fake Off").
[281] Ver, com abundante bibliografia, Laurent Bigot, *Fact-checking vs fake news. Vérifier pour mieux informer*, Paris, Ina, 2019.
[282] Umberto Eco, *Numéro Zéro*, Paris, Grasset, 2015, p. 59 (ed. brasileira: *Número zero*, Rio de Janeiro, Record, 2015).
[283] Segundo as pesquisas, 77% das pessoas entrevistadas dizem que se informam principalmente pelos jornais televisivos.
[284] Ver Cyril Lemieux, "Faux débats et faux fuyants. De la responsabilité des journalistes dans l'élection du 21 avril 2002", em C. Prochasson, V. Duclert e P. Simon Nahum (dir.), *Il s'est passé quelque chose le 21 avril 2002*, Paris, Denoël, p. 19-41.
[285] Tomamos conhecimento, por exemplo, na edição de 8 de julho de 2020 de *Médiapart* que militares franceses do 13º e do 27º Batalhão de Caçadores Alpinos (BCA), do 2º Regimento de Infantaria da Marinha (RIMA), do 2º Regimento de Pára-quedistas Estrangeiros e de um pequeno número de outras unidades criaram páginas neonazistas no Facebook e no Instagram, que contam com alguns milhares de seguidores; a informação é retomada e comentada pela Ministra da Defesa, Florence Parly, garantindo a mais ampla divulgação desta informação tão marginal.
[286] D. Cardon, "Pourquoi avons-nous si peur des fake news?" (2/2), site AOC, on-line.
[287] Gérard Noiriel, *Le Venin dans la plume. Edouard Drumont, Éric Zemmour et la part sombre de la République*, Paris, La Découverte, 2019.
[288] Idem, p. 160.
[289] Idem, p. 162.
[290] Guy Debord, *La Société du spectacle* (1967), Paris Gallimard, "Folio", 1996 (ed. brasileira: *A sociedade do espetáculo*, Rio de Janeiro, Contraponto, 2007).
[291] Ver on-line o site Conspiracy Watch dedicado à análise crítica do conspiracionismo e das teorias do complô.
[292] Tem-se observado frequentemente que, embora seja fácil para a imprensa escrita negar informações falsas impressas por erro ou publicar um "direito de resposta", o rádio e a televisão têm maior dificuldade em voltar atrás para se corrigir.
[293] Jean Baudrillard, *Le Paroxyste indifférent*, p. 65.

CAPÍTULO "O TRIUNFO DA NEGAÇÃO: 'MENTEM PARA NÓS'"

[294] Myriam Revault d'Allonnes, *La Faiblesse du vrai*, p. 87.
[295] *L'Obs* n° 2735, 6 abril de 2017.
[296] A lei Sapin 2, de 9 de dezembro de 2016, protege os denunciantes quando se verifica que eles revelam um ataque ao interesse geral.
[297] Umberto Eco, *Numéro Zéro*, op. cit.
[298] Hannah Arendt, "Du mensonge en politique", op. cit., p. 11-12.

"CONCLUSÃO"

[299] Roger-Pol Droit comentando o livro *Les Vices du savoir. Essai d'éthique intellectuelle*, de Pascal Engel, *Le Monde* 28 de junho de 2019.
[300] P. Engel, *Les Vices du savoir*, p. 21.
[301] Dominique Pasquier, "Pratiques d'internet et pouvoir des apparences", *Le Journal des psychologues*, n° 293, 2010, p. 32-35.
[302] Ver Dominique Cardon, *La Démocratie Internet. Promesses et limites*, Paris, Le Seuil, col. "La République des Idées", 2010.
[303] Ao lado dos *trolls* que intervêm a favor de tal ou tal poder ou instituição, surgiram também os *haters* (lit. "os odiadores"), que se opõem aos mesmos poderes e instituições sob qualquer pretexto, contribuindo também para "apodrecer" o ambiente de fóruns de imprensa on-line.
[304] Nos Estados Unidos, os republicanos acusam os democratas de terem criado o vírus da covid-19.
[305] As redes sociais espalharam a ideia de que os chineses criaram o vírus da covid-19 em laboratório para depois difundi-lo.
[306] Maurizio Ferraris, *Postvérité et autres énigmes*, Paris, Puf, 2019, p. 47.
[307] Exemplo de credulidade: o filósofo inglês Bertrand Russell conta a história deste peru para ilustrar o que é um raciocínio indutivo que constrói um pensamento a partir da repetição de um mesmo fato (relatado por Alan F. Chalmers dans *Qu'est-ce que la science*, Le Livre de Poche, 1990). Assim se constroem as opiniões e os estereótipos.
[308] Dominique Cardon, "Pourquoi avons-nous si peur des fake news?", op. cit.
[309] Pascal Engel, *Les Vices du savoir*, p. 390.
[310] Jean Baudrillard, *Le Paroxyste indifférent*, p. 11.
[311] *Ibid.*, p. 134.
[312] Victor Klemperer, *LTI, la langue du IIIe Reich* (1947), Paris, Albin Michel, Agora, 2003.
[313] Myriam Revault d'Allonnes, *La Faiblesse du vrai*, p. 18.
[314] *Roland Barthes par Roland Barthes*, p. 80.
[315] Myriam Revault d'Allonnes, *La Faiblesse du vrai*, p. 124.
[316] Ver a última obra do historiador Alain Corbin, *Terra Incognita. Une histoire de l'ignorance*, Paris, Albin Michel, 2020.
[317] *Le Monde*, 19 de julho de 2018.
[318] Ver a entrevista com o diretor da The Lancet na seção "Science & Médecine", *Le Monde*, 24 de junho de 2020.
[319] *O dia do juízo final* (1977), *O exame* (1978), *O dia em que o mundo acabou* (1980), *Armageddon* (1998), *Fim dos dias* (1999), *Guerra mundial Z* (2013), *Deepwater* (2016)...
[320] Ler a entrevista no *L'Obs*, n° 2836, 14 de março de 2019.
[321] Hannah Arendt, *Du mensonge à la violence*, p. 8.
[322] Ver on-line, no site do Instituto OpinionWay.
[323] Ver os detalhes da investigação feita pelo professor Antoine Bristielle no *Le Monde* de 26 de junho de 2020.
[324] De acordo com o relatório Ipsos Steria de 21 de janeiro de 2014, com base em uma pesquisa realizada com uma amostra representativa do conjunto da população francesa em idade de votar, "72% dos franceses não confiam na Assembleia Nacional, 73% no Senado. Para 88% dos entrevistados, os políticos não se importam com o que as pessoas pensam. A mídia é muito criticada: 77% dos entrevistados não confiam nos meio de comunicações. Para 74% dos franceses, os jornalistas não falam sobre os problemas reais do povo francês. [...] Para 65% dos franceses, a maioria dos políticos é corrupta. 84% pensam que os políticos cuidavam principalmente de seus interesses pessoais". (www.ipsos.fr/decrypter-societe/2014-01-21-nouvelles-fractu res-francaises-resultats-et-analyse-l-enquete-ipsos-steria).

[325] Bernard Manin, *Principes du gouvernement représentatif*, Paris, Flammarion, 2012, p. 113.
[326] Arnaud Mercier, "Fake news: tous une part de responsabilité!", *The Conversation*, 13 de maio de 2018.
[327] Colin Crouch, *Post-démocratie*, Paris, Diaphanes, 2013.
[328] Bernard Williams, *Vérité et véracité*, Paris, Gallimard, 2006.
[329] Céline Denat e Patrick Wotling, *Dictionnaire Nietzsche*, p. 178.
[330] Arnaud Mercier, "Fake news: tous une part de responsabilité!", op.cit.
[331] Myriam Revault d'Allonnes, *La Faiblesse du vrai*, p. 118.
[332] Pascal Engel, *Les Vices du savoir*, p. 77.
[333] Jean Baudrillard, *Le Paroxyste indifférent*, p. 140.

Referências bibliográficas

Agnès Y., *Manuel du journalisme*, Paris, La Découverte, 2008.
Arendt H., *La Crise de la culture*, Paris, Gallimard, 1972
Arendt H., *Du mensonge à la violence*, Paris, Calman-Lévy, Pocket, 1972.
Arendt H., *La Nature du totalitarisme*, Paris, Payot, 1990.
Arendt H., *Condition de l'homme moderne*, Paris, Gallimard, 2012.
Aristóteles, *La Politique*, Librairie Philosophique de Ladrange, 1874, on-line.
Aristóteles, *Métaphysique*, Paris, Flammarion-GF, 2008.
Aristóteles, *Organon* I, II, III, IV, Paris, J. Vrin, 1994.
Augé M., *Pour une anthropologie des mondes contemporains*, Paris, Flammarion, 1994.
Austin J.L., *Quand dire, c'est faire*, Paris, Le Seuil, 1970.
Azouvi F., *Le Mythe du grand silence: Auschwitz, les Français, la mémoire*, Paris, Fayard et Gallimard, 2012 et 2015.
Bacon F., *Aphorisme XLIX, Novum Organum*, Paris, Puf, 1986.
Barthes R., *Mythologies*, Paris, Le Seuil, "Points", 1957.
Barthes R., *Roland Barthes par Roland Barthes*, Paris, Le Seuil, "Écrivains de toujours", 1975.
Barthes R., *Fragments du discours amoureux*, Paris, Le Seuil, 1977.
Baudrillard J., *De la séduction*, Paris, Gallimard, "Folio Essais", 1993.
Baudrillard J., *Le Paroxyste indifférent. Entretiens avec Philippe Petit*, Paris, Grasset, 1997.
Beauvois J.-L., *Petit traité de manipulation à l'usage des honnêtes gens*, Grenoble, PUG, 1987.
Bergson H., *L'Évolution créatrice*, on-line.
Berrendonner A., *Éléments de pragmatique linguistique*, Paris, Minuit, 1982.
Besnier J-M., *Les Théories de la connaissance*, Paris, PUF, "Que sais-je?", 2005.
Bigot L., *Fact-cheking vs fake news. Vérifier pour mieux informer*, Paris, Ina, 2019.
Bloch M., *L'Étrange Défaite: témoignage écrit en 1940*, Paris, Gallimard, "Folio", 1990.
Bougnoux D., *La Crise de la représentation*, Paris, La Découverte, 2006.
Bourdieu P., *Sur la télévision*, Paris, Liber Édition, 1996.
Bourdieu P., *Contre-feux*, Paris, Liber Raisons d'Agir, 1998.
Bourdieu P., *Langage et pouvoir* symbolique, Paris, Le Seuil, 2001.
Bronner G., La Démocratie des crédules, Paris, Puf, 2013.
Camus A., *La Peste*, Paris, Gallimard, "Folio", 1947.
Cannone B., *Le Sentiment d'imposture*, Paris, Calmann-Lévy, 2005.
Canto-Sperber M., *Éthiques grecques*, Paris, Puf-Quadrige, 2001.
Carcassonne M. et alii, *Points de vue sur le point de vue*, Limoges, Lambert-Lucas, 2015.
Cardon D., "Pourquoi avons-nous si peur des fake news?, on-line.
Cardon D., *La Démocratie Internet. Promesses et limites*. Paris, Le Seuil, "La république des idées", 2010.
Carrière E., *L'Adversaire*, Paris, P.O.L., 2000.
Cassin B., "Dans et par la langue", *Esprit*, n° 460, 2019, p. 48-57.
Cercas J., *L'Imposteur*, Arles, Acte Sud, 1975.
Chabrol C. et Radu M., *Psychologie, communication et persuasion*, Bruxelles, de Boeck, 2008.
Chalmers A.F., *Qu'est-ce que la science*, Paris, Le Livre de Poche, 1990.

Charaudeau P., "Les stéréotypes, c'est bien. Les imaginaires, c'est mieux", in H. Boyer (dir.), *Stéréotypage, stéréotypes: fonctionnements ordinaires et mises en scène*, Paris, L'Harmattan, 2007, p. 49-63.
Charaudeau P. (dir.), *La Médiatisation de la science. Clonage, OGM, Manipulations génétiques*, Bruxelles, De Boeck-Ina, 2008.
Charaudeau P., "Il n'y a pas de société sans discours propagandiste", in C. Olivier-Yaniv et M. Rinn (dir.), *Communication de l'État et gouvernement du social. Pour une société parfaite?*, Grenoble, PUG, 2009.
Charaudeau P., "Une éthique du discours médiatique est-elle possible?", *Communication* [Québec], Vol. 27, n° 2, 2009, p. 51-74.
Charaudeau P., "Pour une interdisciplinarité focalisée dans les sciences humaines et sociales", *Questions de communication*, n° 17, 2010, p. 195-222.
Charaudeau P., *La Conquête du pouvoir. Opinion, Persuasion, Valeurs, les discours d'une nouvelle donne politique*, Paris, L'Harmattan, 2013.
Charaudeau P., "Du discours politique au discours populiste... Le populisme est-il de droite ou de gauche?", in F. Corcuera et alii (dir.), *Les discours politiques. Regards croisés*, Paris, L'Harmattan, 2016, p. 32-43.
Charaudeau P., *Le Débat public. Entre controverse et polémique. Enjeu de vérité, enjeu de pouvoir*, Limoges, Lambert-Lucas, 2017.
Charaudeau P., "Compréhension et interprétation. Interrogations autour de deux modes d'appréhension du sens dans les sciences du langage", in G. Achard et alii (dir.), *Les Sciences du langage et la question de l'interprétation (aujourd'hui)*, Limoges, Lambert-Lucas, 2018, p. 21-54.
Charaudeau P., "De l'état victimaire au discours de victimisation: Cartographie d'un territoire discursif", *Argumentation et Analyse du Discours* (AAD), n° 23, 2019, on-line.
Charaudeau P. e Maingueneau D. (dir.), *Dictionnaire d'analyse du discours*, Paris, Le Seuil, 2002.
Chomsky N. e Herman E., *La Fabrication du consentement*, Marseille, Agone, 2008.
Chomsky N. e Herman E., *Qui mène le monde?* Paris, Lux, 2018.
Cochet Y., Devant l'effondrement. *Essai de collapsologie*, Paris, Les Liens qui libèrent, 2019.
Corbin A., *Terra Incognita. Une histoire de l'ignorance*, Paris, Albin Michel, 2020.
Crouch C., *Post-démocratie*, Paris, Diaphanes, 2013.
Cyrulnik B., "Sous les ailes du mensonge", in M. de Solemne (dir.), *La Sincérité du mensonge*, Paris, Dervy, 1999.
Debord G., *La Société du spectacle*, Paris, Gallimard, "Folio", 1996.
Dejours C., *La Souffrance en France*, Paris, Le Seuil, "Essais", 1998.
Denat C. et Wotling P., *Dictionnaire Nietzsche*, Paris, Ellipses, 2013.
Descartes R., *Discours de la méthode*, Paris, Le Livre de Poche, 2000.
Deshays C., "Points de vues philosophiques sur la vérité", *Société Française de Gestalt*, n° 34, 2008, p. 47-61.
Doise W., "Les représentations sociales: définition d'un concept", *Connexion*, n° 45, 1985, p. 245-253.
Dujin A., "Quand le langage travaille", *Esprit*, n° 460, 2019.
Eco U., *La Guerre du faux*, Paris, Grasset, 1985.
Eco U., *Numéro zéro*, Paris, Grasset, 2015.
El Aswany, *Le Syndrome de la dictature*, Arles, Actes Sud, 2020.
Engel P., *Les Vices du savoir*, Marseille, Agone, 2019.
Faurisson R., *Mémoire en défense contre ceux qui m'accusent de falsifier l'histoire, la question des chambres à gaz*, Paris, La Vieille Taupe, 1980.
Ferraris M., *Postvérité et autres énigmes*, Paris, Puf, 2019.
Foucault M., *L'Archéologie du savoir*, Paris, Gallimard, "Tel", 1969.
Foucault M., "La fonction politique de l'intellectuel", in *Dits et écrits*, III, Paris, Gallimard, 1994.
Foucault M., *Dits et écrits*, 1978-1988, Paris, Gallimard, "Quatro", 2001.
Foucault M., *L'Herméneutique du sujet, Cours au Collège de France, 1981-1982*, Paris, EHESS, Gallimard, Le Seuil, 2001, p. 348-349.
Foucault M., *Naissance de la biopolitique, Cours au Collège de France, 1978-1979*, Paris, EHESS, Gallimard, Le Seuil, 2004.
Foucault M., *Le Gouvernement de soi et des autres, Cours au Collège de France 1982-1983*, Paris, EHESS, Gallimard, Le Seuil, 2008.
Foucault M., *Le courage de la vérité, Cours au Collège de France, 1984*, Paris, EHESS, Gallimard, Le Seuil, 2009.
Foucault M., *Du gouvernement des vivants, Cours au Collège de France, 1979-1980*, Paris, EHESS, Gallimard, Le Seuil, 2012.

Freud S., *Résultats, idées, problèmes*, Paris, Puf, 1987.
Froissart P., *La Rumeur. Histoire et fantasmes*, Paris, Belin, 2002.
Giono J., *Le Hussard sur le toit*, Paris, Gallimard, "Folio", 1972.
Girandola F. et Fointiat V., "Changer les attitudes par la persuasion", in *Attitudes et comportements. Comprendre et changer*, Grenoble, PUG, 2016.
Girard R., *La Violence et le Sacré*, Paris, Fayard, "Pluriel", 2010.
Godart E., *Éthique de la sincérité. Survivre à l'ère du mensonge*, Paris, Albin Michel, 2020.
Goldman S., "La Croyance: aux confins mystérieux de la cognition", *Cahiers de Psychologie Clinique*, n° 25, 2005, p. 87-109.
Greimas A.J. e Courtés J., *Sémiotique. Dictionnaire raisonné de la théorie du langage*, Hachette, 1979.
Grice H. P., "Logique et conversation", *Communications*, n° 30, 1979, p. 57-72.
Gritti J., *Elle court, elle court, la rumeur*, Ottawa, Stanké, 1978.
Guimelli C., *La Pensée sociale*, Paris, Puf, "Que sais-je?", 1999.
Halévi R., "Le Nouveau régime de la vérité", *Le Débat*, n° 197, 2017, p. 28-41.
Harpoutian G., *La Petite histoire des grandes impostures scientifiques*, Paris, Éditions du Chêne, 2016.
Hume D., *Enquête sur l'entendement humain*, Paris, Flammarion, 1983.
Joule R.-V. et Beauvois J.-L., *Petit traité de manipulation à l'usage des honnêtes gens*, Grenoble, PUG, 1987.
Kant E., *Œuvres philosophiques*, II, Paris, Gallimard, "Pléiade", 1985.
Kant E., *Prolégomènes à toute métaphysique future*, Paris, J. Vrin, 2000.
Kapferer J.-N., *Rumeurs. Le plus vieux média du monde*, Paris, Le Seuil, 1987.
Klemperer V., *LTI, la langue du IIIe Reich (1947)*, Paris, Albin Michel, "Agora", 2003.
Kremer N., "Petite phénoménologie de l'imposture", in N. Kremer, Y. Tran Gervat et J.-P. Sermain, *Imposture et fiction dans les récits d'Ancien Régime*, Paris, Hermann, "La République des letres", 2016 (on-line).
Kroh A., *Petit Traité de l'imposture scientifique*, Paris, Belin, 2009.
Kundera M., *Le Rideau*, Paris, Gallimard, 2005.
La Boétie E. de, *Discours de la servitude volontaire*, on-line.
La Fontaine J. de, *Fables*, Paris, Le Livre de Poche, 1971.
Laplanche J. e Pontalis J.-B., *Vocabulaire de la psycha*nalyse, Paris, Puf, 1967.
Larrivée P., *L'Interprétation des séquences négatives. Portée et foyer des négations en français*, Bruxelles, De Boeck, 2001.
Lemieux C., "Faux débats et faux fuyants. De la responsabilité des journalistes dans l'élection du 21 avril 2002", in C. Prochasson, V. Duclert e
P. Simon-Nahum (dir.), *Il s'est passé quelque chose le 21 avril 2002*, Paris, Denoël, p. 19-41.
Leroux G., *Le Parfum de la dame en noir*, on-line.
Lyotard J.-F., *La Condition post-moderne. Rapport sur le savoir*, Paris, Éditions de Minuit, 1979.
Malabou C., "Négativité dialectique. La lecture heideggerienne de Hegel dans le tome 68 de la Gesamtausgabe", *Archives de philosophie*, t. 66, 2003, p. 265-278.
Manin B., *Principes du gouvernement représentatif*, Paris, Flammarion, 2012.
Maquiavel, *Le Prince*, Paris, Flammarion, 1980.
Mehl D., *Les Lois de l'enfantement. Procréation et politique en France (1982-2011)*, Paris, Presses de SciencesPo, 2011.
Mercier A., "Fake news: tous une part de responsabilité!", *The Conversation*, 13 maio 2018.
Meyssan T., *Le Pentagate*, Paris, Carnot, 2002.
Morin E., *La Voie*, Paris, Fayard, 2011.
Morne J., *Une énigme de la conscience. La mauvaise foi selon Sartre*, on-line.
Moscovici S., "La crainte du contact", *Communications*, n° 57, 1993, p. 35-42.
Mouillaud M., *Le Discours et ses d*oubles, Lyon, PUL, 2014.
Nietzsche F., "Maximes et Pointes", in *Œuvres*, Paris, Plon.
Noëlle-Neumann E., "La Spirale du silence", *Hermès*, n° 4, 1989, p. 181-189.
Noiriel G., *Le Venin dans la plume. Edouard Drumont, Éric Zemmour et la part sombre de la République*, Paris, La Découverte, 2019.
Nølke H., "Ne... pas: négation descriptive ou polémique? Contraintes formelles sur son interprétation", *Langue française*, n° 94, 1992, p. 48-67.
Orwell G., *1984*, Paris, Gallimard, "Folio", 1972.
Paillet-Guth A-M., *Ironie et paradox. Le discours amoureux romanesque*, Paris, Honoré Champion, 1996.

Pascal B., *De l'esprit de géométrie et de l'art de persuader*, Paris, Hachette, 1871.
Pasquier D., "Pratiques d'Internet et pouvoir des apparences", *Le Journal des Psychologues*, n° 293, 2010, p. 32-35.
Platão, *Gorgias*, 482c-483c, Paris, GF-Flammarion, 1987.
Pracontal M. de, *L'Imposture scientifique en dix leçons*, Paris, La Découverte, 2001.
Renault d'Allonnes M., *La Faiblesse du vrai. Ce que la post-vérité fait à notre monde commun*, Paris, Le Seuil, 2018.
Reynié D., *Populismes: la pente fatale*, Paris, Plon, 2011.
Ricalens P. (dir.), *Manipulation à la française*, Paris, Economica, 2003.
Ricœur P., *La Métaphore vive*, Paris, Le Seuil, 1975.
Rostand J., *Passeport Santé*, on-line.
Rouquette M.-L. et Rateau P., *Introduction à l'étude des représentations sociales*, Grenoble, PUG, 1998.
Rousseau J.-J., *Les Rêveries du promeneur solitaire*, Paris, Le Livre de poche, 2001.
Sartre J.-P., L'Être et le néant, Paris, Gallimard, "Tel", 1943.
Sartre J.-P., *L'existentialisme est un humanisme*, Paris Gallimard, "Folio", 1996.
Schopenhauer A., *L'Art d'avoir toujours raison*, 1864, Paris, Éditions Mille et une Nuits, 1983.
Semprun J., *L'Écriture ou la vie*, Paris, Gallimard, 1994.
Semprun J., *Le Mort qu'il faut*, Paris, Gallimard, 2002.
Siess J. et Valency G. (dir.), *La Double Adresse*, Paris, L'Harmattan, 2002.
Souchard M. et alii, Le Pen. *Les Mots. Analyse d'un discours d'extrême droite*, Paris, Le Monde Éditions, 1997.
Spinoza B., *Traité de la réforme de l'entendement*, Paris, Flammarion, 2008.
Tocqueville A. de, *De la démocratie en Amérique*, Paris, Gallimard, 1951.
Valéry P., *Variété*, Paris, Gallimard, "Pléiade", 1957.
Vernant D., *Du discours à l'action*, Paris, Puf, 1997.
Volochinov V. N., *Marxisme et philosophie du langage*, Limoges, Lambert-Lucas, 2010.
Weber M., *Économie et Société*, Paris, Plon, 1971.
Weber M., *Le Savant et le Politique*, Paris, La Découverte, 2003.
Weinrich H., *Linguistique du mensonge*, Limoges, Lambert-Lucas, 2014.
Williams B. *Vérité et véracité*, Paris, Gallimard, 2006.
Wittgenstein L., *Investigations philosophiques*, Paris, Gallimard, "Tel", 1989.
Zylberman P., *La Guerre des vaccins*, Paris, Odile Jacob, 2020.

O autor

Patrick Charaudeau é professor emérito da Universidade de Paris-Nord (Paris XIII) e fundador do Centre d'Analyse du Discours (CAD) dessa mesma universidade. Criador de uma teoria de análise do discurso, denominada Semiolinguística, é autor de diversas obras: *A conquista da opinião pública, Discurso das mídias, Discurso e desigualdade social, Discurso político, Dicionário de análise do discurso* e *Linguagem e discurso*, todos publicados pela Contexto. Na França, é autor de vários livros, capítulos de livros e revistas, dedicados aos estudos discursivos.

GRÁFICA PAYM
Tel. [11] 4392-3344
paym@graficapaym.com.br